图书馆文献资源检索与利用研究

成胤钟 著

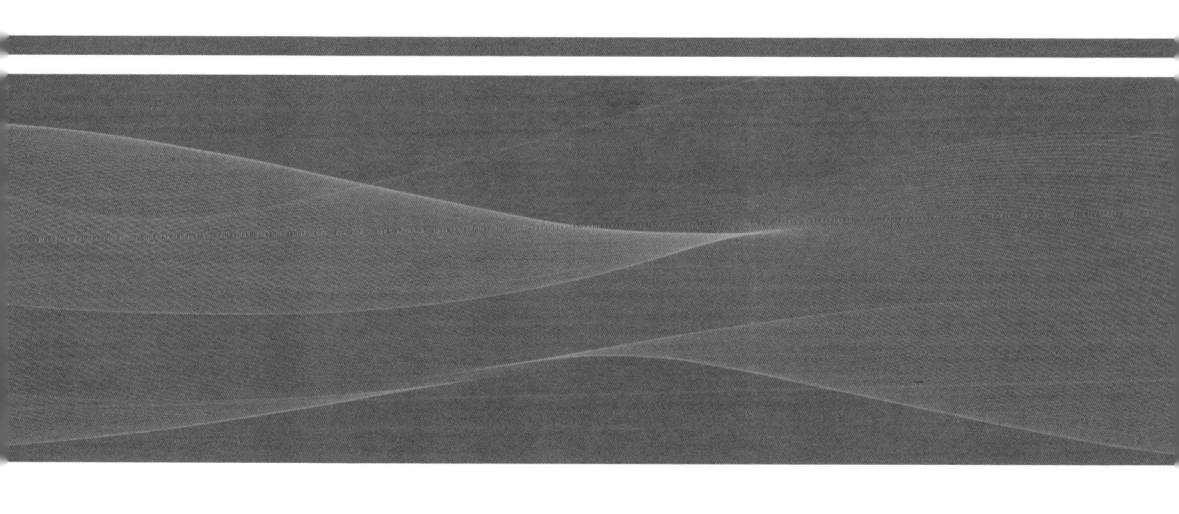

北方文艺出版社

哈尔滨

图书在版编目(CIP)数据

图书馆文献资源检索与利用研究 / 成胤钟著. —— 哈尔滨：北方文艺出版社，2022.4
ISBN 978-7-5317-5524-1

Ⅰ.①图… Ⅱ.①成… Ⅲ.①图书馆 – 文献资源建设 – 研究 Ⅳ.①G253

中国版本图书馆CIP数据核字(2022)第056921号

图书馆文献资源检索与利用研究
TUSHUGUAN WENXIAN ZIYUAN JIANSUO YU LIYONG YANJIU

作　　者 / 成胤钟	
责任编辑 / 周洪峰	封面设计 / 左图右书
出版发行 / 北方文艺出版社	邮　编 / 150008
发行电话 / (0451)86825533	经　销 / 新华书店
地　　址 / 哈尔滨市南岗区宣庆小区1号楼	网　址 / www.bfwy.com
印　　刷 / 湖北星艺彩数字出版印刷技术有限公司	开　本 / 787mm×1092mm　1/16
字　　数 / 145千	印　张 / 12.5
版　　次 / 2022年4月第1版	印　次 / 2022年4月第1次印刷
书　　号 / ISBN 978-7-5317-5524-1	定　价 / 57.00元

作者简介
AUTHOR

成胤钟(1979.3—)男,满族,重庆人,澳大利亚弗林德斯大学教育领导与管理硕士,重庆第二师范学院本科,重庆文化艺术职业学院图书信息中心图书资料副研究馆员。

前 言
PREFACE

早期,我国文献资源检索主要依靠手工检索的方式,手工检索十分浪费时间和人力,检索效率也非常低;后来随着计算机的出现和信息技术的发展,大部分图书馆建设了脱机检索设备供用户使用,脱机检索可检索计算机中磁盘所存储的文献条目,以寻找到合适的文献资源。随着计算机软件技术和硬件技术的进步,在文献资源检索方面引入了分组数字通信技术和实时操作技术,使一台主机可以连带多个终端系统,用户可以在终端系统设备上通过拨号或者电信专线数据传播检索所需信息,此阶段实现了计算机联机检索,是现代计算机检索技术的雏形;网络时代的到来使以往联机检索的范围不断扩大,直到超文本技术出现后,联机检索完全转变为了网络化信息检索。

随着我国科学技术的不断进步,信息技术得到了空前的发展。如今网络覆盖范围越来越大,网络信息传输速度也越来越迅速,联网智能设备移动终端普及后人们能更加快速且精准地在网络上,运用网络检索系统查阅自己所需要的资料和获取相关资源,在节约个人时间的同时,也提高了信息资源利用的有效性。在信息技术的推动下,图书馆与时俱进地引进了相应文献检索技术。与传统资源寻找方式相比,图书文献检索技术给广大的读者们提供较多的信息便利,比如能直接查阅该图书馆是否有相关的文献资源或者精确的文献资源。在图书馆利用文献资源检索技术的过程中,研究发现当下图书馆的检索技术运用程度较为浅显以至于无法完全满足读者用书需求。

用网络检索系统查阅自己所需要的资料和获取相关资源,在节约个人时间的同时,也提高了信息资源利用的有效性。现常见信息检索技术主要有SFX技术、Web Servicee技术、P2P技术、Grid技术等,SFX技术即新型的数字资源聚合软件系统;Web Servicee技术能优化不同平台信息之间的差异并融合,使平台之间有效互通;P2P技术覆盖环境中,任何与用户连接的智能终端都能够进行信息资源的实时有效共享;图书馆文献检索技术建设必须以数据挖掘、人机界面以及整体结构为基础,利用所用技术的优势,最终达到图书馆文献资源检索优化的效果。另外,图书馆的数字化建设离不开高素质的馆员。因此,图书馆必须加强馆员的专业技术培训,提高馆员素质这样才能实现图书馆文献资源的高效利用与检索。

目 录
CONTENTS

第一章 文献信息知识与图书馆信息素养概述 ······001
第一节 文献、信息、知识、情报的内涵 ······001
第二节 文献、信息、知识、情报之间的关系 ······011

第二章 图书馆文献资源检索与利用之
文献信息检索基础 ······014
第一节 文献信息检索概述 ······014
第二节 文献信息检索语言 ······019
第三节 文献信息检索系统与检索工具 ······025
第四节 文献信息检索技术 ······033
第五节 文献信息检索方法与途径 ······036
第六节 文献信息检索步骤与效果评价 ······039

第三章 图书馆文献资源检索与利用之
特种文献信息检索 ······045
第一节 学位论文检索 ······045
第二节 标准文献检索 ······048
第三节 专利文献检索 ······054
第四节 会议文献检索 ······057

第四章 图书馆文献资源检索与利用之
数字图书馆的检索 ······064
第一节 数字图书馆概述 ······064
第二节 图书馆OPAC系统的检索 ······072
第三节 中文数字图书馆的检索 ······075
第四节 外文数字图书馆的检索 ······078

第五章 图书馆文献资源检索与利用之
文献检索的元数据研究 ……………082
第一节 元数据概述与面临的困难 ……………082
第二节 元数据描述与存储的主要标准 ……………086
第三节 元数据质量保障与输入和输出 ……………093
第四节 元数据标准控制体系与管理 ……………101

第六章 图书馆文献资源检索与利用之
检索平台的构建 ……………111
第一节 信息检索技术概述 ……………111
第二节 文献资源特点及检索需求 ……………124
第三节 文献资源统一检索仓储平台设计 ……………128
第四节 文献资源统一检索平台系统实现 ……………132

第七章 图书馆文献资源检索与利用之
文献信息资源共享系统构建 ……………137
第一节 关键技术概述 ……………137
第二节 图书馆文献信息资源共享系统分析 ……………145
第三节 图书馆文献信息资源共享系统设计 ……………151
第四节 图书馆文献信息资源共享系统实现 ……………158

第八章 图书馆文献资源检索与利用之
检索结果的综合利用 ……………165
第一节 科研信息的搜集、整理与分析 ……………165
第二节 学术资源发现系统概述 ……………173
第三节 个人文献管理软件 ……………179

参考文献 ……………187

第一章 文献信息知识与图书馆信息素养概述

第一节 文献、信息、知识、情报的内涵

一、文献的定义

"文献"一词,最早见于《论语·八佾》之中。郑玄和朱熹解释"文"为文章,"献"为"贤才"或"贤"。元代马端临作《文献通考》,取"文献"二字作为书名,自序谓"引古今史谓之文",参以唐末以来诸臣之奏议,诸儒之议论谓之"献"。由此可见,在古代文献包括两个不同的概念,并各有所指。"文"指典籍,即有关典章制度的文字资料;而"献"同"贤",则指见多识广、熟悉掌故的人。古代人研究历史,一方面依靠书本文字记载的材料,另一方面借助于人们口耳相传的材料,因此文与献(贤)都被视为史料。随着历史的发展,新的知识不断产生,各种新型的记录、知识信息的载体也大量涌现,因此人们又把文献概念的含义扩大了。将文献定义为:凡是人类知识以文字、图形、代码、符号声频、视频等形式,用一定的技术手段记载在物质载体上,由此而形成的每一件记录。故构成文献的四要素为:知识内容信息符号、载体材料和记录方式。[①]

二、文献的类型及特点

(一)按文献的载体形式划分

印刷型:指以纸张为载体的文献记录形式,也是目前使用的主要形式,包括油印、铅印和胶印。优点是阅读方便、便于流通,缺点是笨重、占空间大、存储密度低和管理困难。

缩微型:以感光材料为载体,缩微照相为记录手段的文献记录形式,包

---

① 李鹤飞,李宏坤,袁素娟等.高校图书情报与档案信息管理[M].北京:经济日报出版社,2017.

括缩微胶卷、平片等。优点是体积小、重量轻、存储密度高且便于保存转移,其缺点是不能直接阅读,必须借助专门的阅读设备。

机读型:计算机可读型。是以磁性材料为存储介质,通过编码和程序设计,把文献资料转换成机读语言,成为供计算机使用的新型载体包括磁带磁盘和光盘等。其优点是存储密度高、访问速度快和原有记录可改变更新,缺点是需要计算机才能使用,价格较高且对技术要求较高。

声像型:又称视听型。是以磁性或感光材料为存储介质,采用录音、录像或摄影技术手段直接记录声音、视频图像而生成的一种文献信息。如唱片、录音带、录像带电影等,可直接脱离文字记载,听其声观其形给人以生动直观的感觉,尤其对科学观察、启迪思路有积极的作用,缺点是需要专用设备、成本较高。

(二)按文献不同加工程度和级别划分

零次文献:是绝对意义上的原始文献,主要指尚未载入正规载体上的一类文献总称。如书信、手稿、患者病历、生产日记和会议记录等。

一次文献:又称原始文献。是相对意义上的原始文献,是指作者以自己的研究成果为基础创作、撰写的文献,这是对知识的第一次加工,具有创造性。如期刊论文、科技报告、专利说明书、会议论文及学位论文等。

二次文献:又称检索性文献。指文献工作者将大量分散的、无序的原始文献加以筛选,留下有价值的文献,进行加工整理。按文献的内容特征(如主题,分类),或按文献的外部特征(如著者篇名等)进行提炼、浓缩、简化,编辑成系统的工具性文献。如文摘、索引、书目等检索工具,专为查找原文之用,这是对知识的第二次加工。

三次文献:又称参考性文献。是指利用二次文献系统地检索出一批有关的文献,并运用科学方法和专业知识对其进行深入研究后撰写出新的文献。它们可以是书(专著)或期刊论文等,与一次文献非常相像,但又不同于一次文献,三次文献是对知识的再加工(第三次加工)。

以上四种文献:零次文献是一次文献的基础和素材;一次文献是经常使用的最基本的文献,是检索的对象;二次文献是对一次文献的简化和整理,是检索的主要手段和工具;三次文献是对零次文献、一次文献进行组织、加工、综合的产物,具有高度浓缩性、综合性和参考性的特点,是情报研究的成果,也是信息检索的主要工具。

(三)按内容公开程度划分为白色文献、灰色文献和黑色文献

白色文献：是指一切正式出版并在社会上公开流通的文献，包括图书、报纸和期刊等。这类文献通过出版社、书店、邮局等正规渠道发行，向社会所有成员公开，人人均可利用。

灰色文献：是指非公开发行的内部文献或限制流通的文献，包括社会公开传播的内部刊物、内部技术报告、内部教材和会议资料等。这类文献出版量小、发行渠道复杂、流通范围有一定限制，不易收集。

黑色文献：主要是指处于保密状态或涉及个人隐私内容的文献，如未解密的政府文件和单位内部档案等。这类文献除作者以及特定人员外，一般人很难获得和利用。

按文献的出版形式划分为：图书、连续出版物(报纸、期刊)、会议文献、科技报告、专利文献、标准文献、政府出版物、学位论文、产品目录与样品和技术档案。

图书是最早的文献类型之一，是一种成熟定型的出版物，它历史悠久，数量庞大影响深远。其内容特征是主题突出，内容成熟，论述全面，多是编著者长期经验和学识的积累；其形式特征是完整定型，有封面、书名页、目次、正文和版权页，装帧形式成熟。据联合国教科文组织《关于印刷品统计》文件的规定，49页以上装订成册的印刷品称为图书，5~48页的称为小册子，4页以下的称为零散资料。图书的优点在于便于携带和存放，阅读时不受空间、时间和设备限制；缺点则是编辑出版周期长、新颖性欠佳、传播信息的速度较慢和内容不如期刊或特种文献新。

在众多刊物中，特别应引起广大读者重视的是刊载某一学科(或专业)信息较多、水平较高，能够反映该学科最新成果、前沿动态，利用率和被引率较高的是核心期刊。目前外文核心期刊基本以美国汤森路透公司出版的SCI、SSCI、A&HCI数据库中收录的期刊为准；中文核心期刊以北京大学图书馆编写的《中文核心期刊要目总览》中收录的期刊为准。需要说明的是，这些工具书所收录的核心期刊都是印刷版期刊，对于那些纯电子期刊来说，目前尚无关于核心期刊的统计。

会议文献：是指国内外各个科学技术学会、协会及有关主管部门召开的学术会议或专业会议上提交、宣读或交流的论文或报告。会议文献内容全面、集中，涉及面广泛而有一定系统，反映了科技发展的水平与动向。

特别是经过编辑、加工的会议文献,不仅水平较高,而且内容十分精炼。

科技报告:是指科研工作成果的正式报告或是对科研进展情况的实际记录。其特点是连续出版、刊有机构名称、报告号、自成一册;在内容上专深并且具体,通常是最新成果,比期刊论文详尽,其数据也比较完整。世界上许多国家出版各自的科技报告,其中美国政府出版的科技报告数量较大较系统,最有名的四大报告为军事系统的AD报告政府部门的PB报告、能源部的DOE报告和美国国家航空航天局的NASA报告。所以,科技报告对了解国内外军事、国防工业及尖端技术等方面的情况特别重要。

科技报告具有保密的特点,因而不易获取。我国出版的《科技研究成果报告》分为内部、秘密和绝密三个级别,一般为内部控制使用。在我国,国家图书馆、国防科技信息研究所和上海图书馆的科技报告收藏相对比较完整。

专利文献:主要指专利说明书,是专利申请人向政府专利局递送的关于新发明创造的书面文件。由于申请人为了证明自己的发明新颖,以取得法律上的保护,通常尽力详细地说明其发明的特点、研究目的、实验过程等。因为它的内容比较详细具体,在一定程度上能反映各国的科学技术水平和成就,是一种对工程技术人员和设计人员富有启发性的参考文献。专利文献具有新颖性、创造性和实用性的特点,并具有地域性、时间性、公开性和法定性的特征。

标准文献:是指对工农业产品、卫生教育、行政机关和工程建设的质量、规格、检验方法及管理等所做的技术规定,由主管机构批准,以特定形式发布,共同遵守的准则和依据,具有一定的法律约束力。

政府出版物:一般是指由各国政府部门及其专设机构所发表、出版的配合政府工作的行政性文件和科技文献,如法律法规、统计、公告、专题报告、调查报告和技术政策等。政府出版物具有正式性和权威性的特点,对了解各国政治、经济具有独特的参考价值。

学位论文:是指高等学校或科研机构的毕业生为评定各级学位而撰写的论文。学位论文是作者经过一年甚至一年以上的专门研究而完成的,经过专家的评审和答辩,带有独创性的文献。特别是硕士论文和博士论文,通常有着新颖独到的见解和全面系统地论述,对科研和生产具有重要的参考价值。

产品样本:是对定型产品由制造商和销售商印发的宣传性资料。通常对产品的性能、构造、用途、使用方法及产品规格都有详细介绍,并配有外观照片和结构图等,直观性强。因此对产品设计、制造和推广具有一定的参考作用,颇受消费者和设计人员的青睐。其缺点是此类文献的收集和获得随机性太大,不易收集全面。

技术档案:指记录和反映一个单位或部门在行政管理、生产建设和科学研究等活动中所形成的,有一定保存价值的具体工程对象或项目的技术文件进行归档后的文献。它包括工程图样、图表、照片、原始记录的原件及复印件、协议书、计划和方案等。技术档案是生产建设和科研工作中用以积累经验、吸取教训和提高质量的重要文献。技术档案一般具有保密和内部使用的特点。

三、信息的定义

"信息"一词在英文、法文、德文、西班牙文中均为"information",是关于事物运动的状态和规律的表征,也是关于事物运动的知识。信息在人们的生活中随处都能见到,信息普遍存在于自然界、人类社会和人的思维之中。信息的概念是人类社会实践的深刻概括,并随着科学技术的发展而不断发展。

1948年信息奠基人香农认为"信息是用来消除随机不确定性东西",这一定义被人们作为经典性定义并加以引用。1950年控制论创始人维纳认为信息是人们在适应外部世界,并使这种适应反作用于外部世界的过程中,同外部世界进行互相交换的内容和名称,这一定义也被作为经典性定义加以引用。

经济管理学家认为"信息是提供决策的有效数据"。《辞海》中对信息的定义为:"信息是指对消息接受者来说预先不知道的报道";英国《牛津字典》定义信息为,信息就是谈论的事情、新闻和知识;美国《韦氏词典》则对信息的定义为,信息是用来通信的知识,在观察中得到的数据、新闻和知识。

我国国家标准对信息的概念定义:信息是物质存在的一种方式、形态或运动状态,也是事物的一种普遍属性,一般指数据、消息中所包含的意义,可以使消息中所描述事件的不确定性减少。这一定义涵盖了信息的属性(客观存在性)、信息的作用(消除不确定性)、信息的形式(数据、消息等事实)三方面的内容。

总之,信息是对客观世界中各种事物变化和特征的反映;是客观事物之间相互作用和联系的表征;是客观事物经过感知或认识后的再现。没有信息,千变万化的事物之间就没有联系,也就没有大千世界的统一。信息是社会发展的资源,信息作为一种资源,可以创造财富,通过直接或间接参与生产经营活动,为国家经济建设的各个方面发挥作用。因此,信息对人类的生存和发展至关重要。

信息的类型:信息广泛存在于自然界、生物界和人类社会。信息是多种多样、多方面、多层次的,了解信息的类型不仅有助于我们加深对信息内涵及其特征的认识,也有助于丰富信息检索知识。

按信息内容可划分为:主观信息和客观信息。主观信息:一般指依据事实和分析说明个人的观点和见解。主观信息是对一个事件、论题进行评估时能提供很多有价值的信息。客观信息:一般是指不加主观如实反映客观的信息,它一般全面客观地描述一个问题的各个方面,使人们对问题有一个全面的认识。

从产生信息的客体性质可划分为:自然信息、生物信息、机器信息和社会信息。自然信息:指瞬时发生的声、光、热、电,形形色色的天气变化,缓慢的地壳运动和天体演化等。生物信息:指生物为繁衍生存而表现出来的各种形态和行为,如遗传信息、生物体内信息交流和动物种群内的信息交流。机器信息:指自动控制系统。社会信息:指人与人之间交流的信息,既包括通过手势、身体、眼神所传达非语义信息,也包括用语言、文字、图表及语义信息所传达的一切对人类社会运动变化状态的描述。法不按照人类活动领域,社会信息又可划分为:科技信息、经济信息、政治信息、军事信息和文化信息等。

以信息所依附的载体为依据可划分为:文献信息、口头信息、实物信息。

文献信息:指文献所表达的以文字、符号声像信息为编码的人类精神信息,也是经人们筛选、归纳和整理后记录下来的信息,它与人工符号本身没有必然的联系,但要通过符号系统实现其传递。文献信息也是一种相对固化的信息,一经"定格"在某种载体上就不能随外界的变化而变化。

这种信息的优点是易识别、易保存易传播,使人类精神信息能传于异地,留于异时;缺点是不能随外界的变化而变化。

口头信息:指存在于人脑记忆中,通过交谈、讨论、报告等方式交流传播的信息,它反映人们的思考、见解、看法和观点,是推动研究的最初起源。口头信息具有出现早、传递快、偶发性强的特点,但缺乏完整性和系统性,大部分转瞬即逝,一部分通过文献保存,一部分留存在人类的记忆中代代相传而称为口述回忆或口碑资料。作为信息留存的一种形式,口头信息无时不在,无处不有,承载着人类的知识、经验和史实,是一种需要重视和开发的极为丰富的资源。

实物信息:指由实物本身存储和表现的信息。实物,包括自然实物和人工实物,它具有直观性、客观性和实用性强的特性,内含大量的科技文化信息。

以信息的运动状态为依据可划分为:连续信息和离散信息。以信息的加工层次而论,可划分为:初始信息(感知信息、原生信息)和再生信息(二次信息、三次信息)。信息的特征:信息是所有事物的存在方式和运动状态的反映,信息不是物质本身,但它来源于物质,正是因为信息的物质性才决定了它拥有以下特征。

客观性:信息是对事物的状态、特征及其变化的客观反映。其存在是不可转移的,客观和真实是信息的最重要的本质特征。

普遍性:信息是事物运动的状态和状态变化的方式,事物的运动是普遍存在的。世界上任何运动着的事物每时每刻不在生成信息,只要有事物存在,只要有事物在运动,就存在着信息。因此,物质的普遍性以及物质运动的规律性决定了信息的普遍性。

传递性:信息在运动中产生,在传递中发挥价值。信息传递可跨越时空,信息的获取利用以及反馈必须借助于信息的传递。信息可以在时间上或空间上从一点转移到另一点,可以通过语言、动作、文献、通信或电子计算机等各种渠道和媒介进行传播。

共享性:共享性是指同一内容的信息可以同时在不同地点被多个用户共同使用。而信息的提供者并没有因为提供了信息而失去原有的信息内容和信息量,被用户分享的信息份额也不因为分享人数的多少而受影响。信息能够共享是信息不同于物质和能量的最重要的特征。信息可共享的特点,使信息资源能够发挥其最大的效用。特别是在以互联网传播信息的当今信息社会,信息的共享性尤为显著。

依附性:信息总是依附于一定的物质载体而存在,需要某种物质作为承担者。信息必须依附于一定的物质形式(如声波、电磁波、纸张等)之上,不可能脱离物质单独存在。

加工性:信息可以被加工处理,可以压缩、扩充和叠加,也可以变换形态。在流通和使用过程中,经过分析、综合、再加工,大量的原始信息可以变成数据库等。

相对性:客观上信息是无限的,但相对于信息用户来说。人们实际获得(实得)的信息总是有限的,并且由于不同的信息用户有着不同的感受能力、不同的理解能力和不同的目的性,因此,同一信息对不同认知水平的用户所产生的作用和有效性也不相同。

实效性:信息作为对事物存在方式和运动状态的反映,随着客观事物的变化而变化。在现代社会中信息的使用周期越来越短,信息的价值实现取决于对其及时的把握和运用。如果不能及时地利用最新信息,信息的价值就会贬值甚至毫无价值,这就是信息的时效性,即时间与效能的统一性。它既表明了信息的时间价值,也表明了信息的经济价值。

21世纪是一个高度信息化的时代。信息就是商品,信息就是财富,信息就是资源,信息就是机会,信息更是竞争力,国力的竞争就是信息的竞争。因此,如何获取信息、利用信息将成为人们需要终身学习的基本技能。

四、知识的定义

中国大百科全书定义知识为,人类认识的成果。它是在实践的基础上产生又经过实践检验的对客观实际的反映。人们在日常生活、社会活动和科学研究中所获得的对事物的了解,其中可靠的成分就是知识。依照反映对象的深刻性和系统性程度,知识可以分为生活常识和科学知识。生活常识是对某些事实的判断和描述。科学知识是通过一定的科学概念体系来理解和说明事物的知识。科学知识也有经验的和理论的两种不同水平。科学知识是全人类认识的结晶,又是人类实践和社会发展必要的精神条件。知识与无知相对立,从无知到有知,知识由少到多、由浅入深、由片面到全面的不断运动,是人类思维发展的基本过程。知识的特征具有以下几个方面。

(一)意识性

知识是一种观念形态的东西,只有人的大脑才能产生、认识和利用它,知识通常以概念、判断、推理假设预见等思维形式和范畴体系表现自身的存在。信息性信息是产生知识的原料,知识是被人们理解和认识并经大脑重新组织和系统化的信息,信息提炼为知识的过程是思维。

(二)实践性

知识来源于实践,又指导实践。任何知识都离不开人类的直接实践活动,即使从书本上获得的知识,也是前人实践经验的总结。

(三)继承性

任何知识,既是实践经验的总结,又是前人知识的继承和发展。知识是一种从实践—认识—再实践—再认识循环无穷的发展过程。既是对原有知识的深化与发展,又是对更新的知识产生的基础和前提,知识被记录或被物化为劳动产品后,可以世代相传利用。

(四)科学性

知识的本质就是对客观事物运动规律的科学概括。离开了对事物运动规律认识的科学是一种伪科学,不能称其为知识;加深对事物运动规律的认知过程,是知识不断完善不断更新的过程。

(五)规律性

人们对实践的认识是一个无限的过程,人们获得的知识在一定层面上解释了事物及其运动过程的规律性。

(六)渗透性

随着知识门类的增多,各种知识可以相互渗透,形成了许多新的知识门类,从而形成科学知识的网状结构体系。

五、情报的定义

情报是在特定时间特定状态下,对特定的人提供的有用知识和信息。一部分在知识之内,另一部分在知识之外。

"情报"一词在我国最初的含义与军事有关,带有相当的神秘色彩,其典型的定义是"关于敌情之报告,日情报"。在翻译家森欧外翻译德国克劳塞维茨的《战争论》中,第一次出现"情报"一词指"有关敌方或敌国的全部知识"。这些情报定义具有明显的战争年代的特征。

在现代,学术界对于情报的理解存在认识上的共性。其一,情报来自知识和信息,来自对知识和信息的加工处理。其二,情报不等同于广义的知识和信息,而只是"作为交流对象的有用知识和信息"。现代情报的概念,已经延伸至"特定性情报""决策性情报""竞争性情报"等,进入社会各阶层领域中。情报的特征具有以下几个方面。

(一)知识性

情报的本质就是知识,是一种新的知识。科学技术的发展意味着新知识的产生和旧知识的更替,如创造发明、科研成果、新技术、新工艺、新设计、新产品、新理论、新事实和新决策等,都是新知识。没有内容或没有新的知识,都不能称之为情报。

(二)传递性

情报必须进行传递交流,虽然情报的本质是知识,但知识不传递仍然不能称之为情报,有情不报,何以成为情报?而情报的传递属性,也包含两方面内容:一方面是它必须通过一定的物质形式进行传递;另一方面获得情报必须经过传递。如口传、手传、邮传、电话和电报传递、网络传递等,都是情报传递交流的不同手段。

(三)新颖性

情报必须是事物发展的最新知识报道,并带有真实性和机密性的特征。过时的、虚假的、没有经过加工提炼的知识,只是一种信息现象,而不是情报。

(四)价值性

情报是一种有价值、有效用的知识,能使人们启迪思路、开阔眼界和提高识别客观事物的能力。没有价值的信息、知识,也不能称之为情报。同时,它又是一种相对的概念,一种信息或知识,对于需要者来说是情报,对于不需要者来说则不是情报。

(五)社会性

情报来源于人类社会的认识活动,存储于社会系统,并为社会广泛地利用和选择。

（六）语言性

情报必须通过自然语言和人工语言进行表达和传播,正是由于情报的语言性才使它能够记录在各种载体上。

（七）可塑性

情报在加工过程中,既可概括归纳使之精炼浓缩,又可以补充综合使之系统全面。

（八）时间性

特定情报只有在合适的时间内传递和利用才能产生效用,随着时间的推移,情报的效用性也会随之降低。

第二节 文献、信息、知识、情报之间的关系

一、信息、知识、情报

信息是起源,是基础,它包含了知识和情报,是它们共同本质联系的纽带。文献则是信息、知识、情报的存储载体和重要的传播工具,是重要的知识源;情报信息源,是信息、知识、情报存储的重要方式。信息可以成为情报,但是一般要经过选择综合、研究、分析等加工过程,也就是要经过由此及彼、由表及里的提炼过程;知识是信息的重要组成部分,但不是全部,只有提高、深化、系统的信息才能成为知识;在信息和知识的海洋里,变化、流动、最活跃的、被激活了的那一部分就是情报。

文献信息资源一直作为社会信息的重要承载实体,担负着重要的社会职责。它深入社会的各个方面,具有多重属性和多元维度。而文化是一个极其丰富的概念,它可以指人类创造的一切,如技术、建筑、工具等;也可以具体指观念形态和精神层面的文化。[1]

---

[1]张晓彤,王云超,石丽丽. 民族高校图书馆文献信息检索与利用[M]. 兰州:甘肃文化出版社,2017.

二、文献信息

文献信息的组合分类是说文献信息以怎样的方式和形态分类地组合在一起，它是文化多元的一种标志。文献信息资源的组合分类有单篇、单部、专著、合著、别集、选集、总集、丛书、工具书、连续性出版物、新型数据库（我们着眼于它对文献信息资源的强大储存和传播功能，把它也归纳于此）等。之所以有这么多分类，原因就在于文化发展了，人类创造的文化丰富了，技术手段提高了，经济水平允许了，政治支持了，才能出现各种各样的文献信息资源组合。以数据库为例，普通高校图书馆的中文数据库基本上有中国期刊全文数据库人大复印资料全文数据库、万方数据库、全国报刊索引、中文社会科学引文索引、超星数字图书、书生之家数字图书、电子图书、中国资讯行、新华社多媒体数据库英语四六级模拟考试系统、中国学术会议在线、中国科技论文在线、国研信息网等。这反映了我国文化内容的丰富和科学技术水平的提高，同时反映了人们对知识文化需求和获知方式的多元。

文献信息的传抄说到底是文献信息的流通问题。人类最初的文献信息传抄形式就是口口相授、口耳相传，之后又先后采用了刀刻、铸刻的形式记录文献信息，接着是写到竹简上、缣帛上、纸上来保存和流通。从东晋开始，我国基本全面使用纸张，南北朝以后文献信息几乎都以纸为载体，宋以后由于印刷术的出现和造纸术的提高，大量的文献信息资源被印刷在纸上得以流通和传播。20世纪以来，特别是20世纪40年代电子计算机发明后，海量般的文献信息资源就被记录拷贝在了电子形式和网络形式上了，实现了文献信息传抄方式的革命性变化，使文献信息资源的传抄和流通更加方便快捷。文献信息的传抄方式经历了这些技术的变革，反映出了我国科学技术发展的历程。同时，从口授、刀刻、铸刻、书写、印刷到拷贝，每一次文献信息传抄方式的变革都是人类自身知识增长的必然要求，也是人类自身文献增加的反映。从某种程度上来讲，看文献信息的外在形式和传抄方式，我们就可以知道文献信息所处的历史时期及该时期重要的文化现象、生产力水平、人们的精神文化生活和经济发展速度。这就说明了文献信息的外在形式和传抄方式是具有极强的文化表现力的。

信息与情报也是有区别的。信息的范围比情报广泛得多；情报的传递具有机密性,传递手段有一定的特殊要求;情报是知识的一部分,情报的知识性比信息强;情报的得失通常伴随着一定的利害关系,而信息的得失则不一定表现出明显的利害关系。情报是有特定传递对象的特定知识或有价值的信息。一部分融在知识之内,一部分则在知识之外的信息之内。信息、知识、情报的主要部分被包含在文献之中。当然,文献上所记录的信息、知识不全是情报;信息知识情报也不全是以文献形式记录的,它们之间虽有十分密切的联系,但也有明显的区别。

情报与信息在性质上是有共同点的:情报概念基本具备信息概念的可扩充性可压缩性、可输送性和可扩散性等性质;情报与信息在度量上都具有熵的意义;情报概念的外延全部包含于信息概念的外延。因此,可以说情报是一种信息,情报是信息的一个种概念,但作为一种特殊信息的情报信息与一般信息在性质上仍有一定的区别,情报是对最新情况的报道或资料整理的成果,是经过加工整理的有序化的信息,而不是所有的信息;情报具有知识性和实用性,情报的本质就是知识,是一种有用的知识;情报必须经过传递,有情不报谈何情报,而信息则不全需要传递。

总而言之,信息是生产知识的原料,知识是被人类系统化的信息,情报是一种特定的知识性信息,文献是存储、传递知识信息的载体。另外,如果把文献作为获取知识和情报的信息渠道之一,那么它们的关系则是相互交叉的关系。因为对于某一学科而言,文献中含有该学科一定的信息、知识情报;而该学科的信息知识、情报有一部分是从文献中获取的,还有一部分是从其他的途径和渠道获取的。从这个意义上讲,信息、知识、情报与文献的关系就是相互包容的关系,即文献中含有一定的信息、知识和情报;信息、知识和情报中包括有文献,如果是从文献中获得的信息、知识和情报,那就是文献信息、理论知识(书本知识)和文献情报。

第二章 图书馆文献资源检索与利用之文献信息检索基础

第一节 文献信息检索概述

一、文献信息检索的概念

文献信息资源组织和检索的实践很早之前就已经存在了,但是作为现代信息检索科学,其产生和发展是在20世纪50年代以后。1950年,穆尔斯提出了"信息检索"的概念,其原因是信息存储和检索。后来,许多学者在使用"信息检索"的概念时更多地是指信息获取的计算机处理技术。而实际上,完整的信息检索包括信息的存储与查找的全过程,因而现在的理解有广义和狭义之分。

(一)广义的文献信息检索

广义的文献信息检索是指将文献信息按一定方式组织和储存起来,并根据信息用户的需要找出有关信息的过程。所以它通常被称为"信息存储与检索",包括各种文献信息的加工存储和检索利用两方面的内容,是由两个方向相反而又相互依存的工作过程构成。广义的信息检索概念是针对信息工作者而言的。

(二)狭义的文献信息检索

狭义的文献信息检索是指广义的文献信息检索的后半部分,即从已存储的信息集合中找出用户所需要的各种信息的过程,也称之为信息查找或信息查询。狭义的信息检索的概念是针对用户而言的,即根据用户的特定要求查找所需信息的过程。当今社会,信息作为一种主要的战略资源已成为推动科技、经济和文化教育发展的重要杠杆。如何从浩如烟海而又极其分散的信息中迅速、准确地获取自己所需信息资料,已成为置身其中的每个人面临的首要问题。在信息等于成功的机会的时代,文献信息检索是每个大学生和科研工作者必须掌握的基本功。[1]

二、文献信息检索的原理

文献信息检索是通过将表示检索需求特征的信息与存储,在文献信息数据库中的文献信息特征作相符性比较来实现的。

一般而言,人们对文献信息的需求千差万别,获取信息的方法和途径也多种多样,但文献信息检索的基本原理却是相同的,就是将检索者的检索提问标识与存储在检索工具中的信息特征标识进行有无异同及大小的比较与匹配,凡是信息特征标识与检索提问标识相一致或者信息特征标识包含检索提问标识的,为可输出信息,也就是初步命中信息。将特定的用户信息需求与检索系统中的文献线索进行比较与匹配,选取两者相符或部分相符的文献予以输出。无论是手工检索还是计算机检索,其基本原理都是一样的。

要进行文献检索,首先要有可进行检索的文献信息集合。文献信息集合的形成是对杂乱无章的文献信息资源加以组织和控制,使之有序化的过程,也就是文献资源的整序与存储过程。一般包括文献信息的采集、著录、标引和整序等几个步骤。其基本做法是:先搜集大量分散的原始文献,著录其外部特征(如文献的题名、作者、文种、出处、出版事项等)和内容特征(文献所涉及的主题内容、关键词、分类号、文摘等),一篇文献形成一条线索;然后将这些线索按学科、主题、作者、分类、地域、时序等予以排列与组织,编制成文献集合,即检索系统或检索工具。文献线索中的各著录项目,即为文献检索过程中的检索点。这一过程为文献信息存储与检索这两个环节之间提供链接点,作为存储与检索的依据,为用户提供快速、准确的检索途径。而文献信息检索的过程主要为:检索需求的主题概念、分析检索词汇的表达和检索标识匹配等几个步骤。

文献信息检索的基本原理就是要求文献信息存储的规则与文献信息检索的规则相一致,遵循同样的检索语言和名称规范,以保证检索间标识与文献特征标识两者之间进行比较和匹配的有效性,获得符合要求的检索结果。存储是为了检索,而检索又必须先进行存储,二者是相互依存的关系。

---
[1]梁作明. 浅析提高科研人员的文献信息检索技能[J]. 内蒙古科技与经济,2020(20):134-135.

三、文献信息检索的类型

(一)按是否使用检索工具划分

1. 直接检索

直接检索是指不借助检索工具或检索系统,直接利用一次文献进行检索。这是检索工具产生之前常用的一种检索方法。其特点是所花时间多、精力大,检出文献少,检索效率低下。

2. 间接检索

间接检索是指利用各种检索工具获得文献线索,再根据线索去查找原始文献的方法。相对于直接检索而言,间接检索省时、省力、速度快、效率高。

(二)按检索内容划分

1. 文献检索

文献检索是信息检索的主要形式。文献检索以索引、文摘或其他文献为主要检索对象,目的是运用检索工具或检索系统查检出与某课题相关的文献线索,为获取原始文献做准备。简单来说,就是通过二次文献,包括手工检索工具和计算机检索系统,找出所需的一次文献或三次文献。这类检索数量大检索方式不一,是信息检索的基础部分,是获取信息的主要手段,故国内外学者常把文献检索与信息检索等同起来,将文献检索作为信息检索的同义语。

2. 数据检索

数据检索是以具有数量性质、以数值形式表示的数据为检索目的和对象,检索的结果是经过测试评价过的各种数据,如数学公式、数据图表、某一材料的成分、性能等。可以选择专门的数据性检索工具进行查检,数据可以直接用于分析和研究。

3. 事实检索

事实检索是以特定的事实为检索对象。事实内容包括大量的科学事件和社会事件,检索结果是有关某一事物的具体答案。事实信息检索中所得到的事实、概念、观点等非数值信息需做进一步分析推理。

4. 概念检索

概念检索就是查找特定概念的含义、作用、原理或使用范围的一些解释性内容或说明。

5.全文检索

检索系统存储的是整篇文章或整本图书,还有另一层意义:从文献的全文中进行某项检索。全文检索一般以论文、著作、报告或专利说明书的全文为检索目的和对象,检索的结果是与课题相关的论文或其他文献信息的全文文本,为研究的创新点提供参考和借鉴。此外,还有图像检索和多媒体检索等检索类型。

(三)按检索方式划分

1.手工检索

手工检索也叫手检,是传统的检索方式。是指以手工操作的方式利用图书、期刊、目录、题录、文摘、索引等检索工具来查找和处理信息的检索方式,多利用各种检索工具的印刷版来实现。它是检索者与检索工具的直接"对话",不需要借助任何辅助设备。手工检索的优点是方便、灵活,判别直观,不需要辅助设备,可随时修改检索策略,查准率高。缺点是检索效率低,漏检严重,不便于多元概念、复杂概念课题的检索。手工检索作为一种重要的检索方式,将与计算机检索长期共存,互为补充。目前,世界上许多著名检索工具仍在出版发行印刷型版本,如《工程索引》《化学文摘》《科学文摘》等。

2.计算机检索

计算机检索简称机检,是指将大量的文献资料或数据进行加工整理,按一定格式存储在机读载体上,建成机读数据库,然后利用计算机对数据库进行检索的信息检索方式。是由人操纵计算机完成的,其匹配由计算机进行。计算机检索是在手工检索的基础上发展而来的,与手工检索相比,速度快、效率高、查全率高、不受时空限制,检索结果输出多样化,但查准率与网络和数据库质量的高低直接相关。目前,计算机检索系统主要有联机检索系统、光盘检索系统和网络检索系统。

信息检索空间的拓宽。网络信息的检索空间比之传统的情报检索大大拓宽了,它可以检索互联网上的各类资源,而检索者不必预先知道某种资源的具体地址。其检索范围覆盖了整个互联网,为访问和获取广泛分布在各地的成千上万台服务器和主机上的大量信息提供了可能。这一优势是任何其他信息检索方式所不具备的,如国际商用联机检索也只能是检索某一台、某几台主机或某一局部网络内的若干数据库。

交互式作业。所有的网络信息检索工具都具有交互式作业的特点能够从用户命令中获取指令,即时响应用户的要求,执行相应操作,并具有良好的信息反馈功能。用户可以在检索过程中及时地调整检索策略以获得良好的检索结果,并能就所遇到的问题获得帮助和指导。

用户界面友好且操作便利。网络信息检索对用户屏蔽了各局部网络间的主机的硬件平台、操作系统等软件上的差异,客户程序和服务程序版本上的差异,信息的存储方式以及各种不同的网络通信协议的差异等,使用户在使用这些服务时感到明显的系统透明度。

开展文献信息检索教育的必要性。随着计算机技术、通信技术的高速发展,各种信息数据库的建立和广泛应用,现代的图书馆工作模式取代了传统的图书馆工作模式,图书馆服务从传统的手工检索服务发展到利用计算机网络和通信技术形成图书馆网络的文献信息检索服务体系。

图书馆正从"以书为本"向"以人为本"转变,即实现"以藏书为轴心"向"以读者为轴心"的转变,从"单纯的文献传递服务"向"多元化信息服务"转变,从而使信息时代文献载体发生了巨大变化,改变了传统图书馆读者服务工作的内容,图书馆读者服务的重点已经发生了质的转变。网络环境下图书馆工作内容的变化,图书馆员仅凭熟悉藏书结构、组织目录、查目录卡片等传统的检索印刷型的劳动是不能完成的。这就要求图书馆员更要具有在网络环境下利用各种检索工具、检索手段检索文献信息的能力。

因此,只有深入开展文献信息检索教育,让图书馆员掌握更多的新的文献信息检索的知识和技能,提高馆员的信息素质,才能做好网络环境下图书馆的各项工作。

开展文献信息检索教育的途径和办法。长期以来,由于人们在观念上存在问题,没有认识到图书馆工作的重要性,图书馆人员配置不合理,普遍存在知识结构单一的现象。许多图书馆员都没有学习过文献信息检索知识,不具备利用各种检索工具检索文献信息的能力。

因此,更新、学习新的现代化的文献信息检索手段和方法势在必行。在图书馆员中开展文献信息检索教育可采取以下途径和办法。根据图书馆员的学历、知识层次结构、掌握文献信息检索知识和技能的程度,分层次地进行培训。第一层次主要针对大专以下学历,没有接受过文献信息检索教育的图书馆员,培训的内容为:文献与信息的基础知识、常用检索工具书与参考工具书的作用与方法、计算机信息检索基础等。第二层次主要在第一层次的基础上进行,即针对掌握了一般的文献信息检索知识和技能的图书馆员。培训的内容是数据库知识及网络基础、计算机在信息检索中的应用、联机与光盘数据库检索、互联网上专门信息的搜索等。通过这样的培训,使图书馆员既能通过传统的检索工具为读者提供文献信息,又能通过信息网络和计算机检索系统指导读者获取和利用信息。

有计划、有目的地进行岗位培训。图书馆不同的工作岗位对掌握文献信息检索的知识和技能要求不同。通过因岗制宜,有计划、有目的地进行岗位培训,使图书馆员更好地履行自己的岗位职责,为读者提供准确、实用的文献信息,更好地为读者服务,为科学研究服务。也可以采取多种形式的学习方法。首先是自学,充分利用图书馆所拥有的得天独厚的自学条件与环境,可根据自己的客观条件和工作需要,有针对性地进行自我学习,补充更新自己的知识结构,最大限度地发挥自己的潜能和特长。请专业老师上课,进行系统的学习,也可以外出培训进修,参加更高层次的学习,培养高素质的人才,带动整个图书馆系统队伍的优化建设。

第二节 文献信息检索语言

一、检索语言的含义及作用

检索语言是文献信息检索中用来描述文献特征和表达信息提问内容的一种专门化的人工语言,是信息组织存储和文献检索过程中共同使用共同遵循的语言。检索语言将文献的存储与检索联系起来。标引人员用其标引文献,将文献存储于检索系统中;检索人员用其表达信息检索内容,以便把所需文献从检索系统中检索出来。因此,对于信息加工人员和信息用户来说,了解并掌握检索语言是很有必要的。因使用场合不同,检索语言也有不同的叫法,在存储文献的过程中用来标引文献与语言;用来索引文献则叫索引语言;在检索文献的过程中则为检索语言。

检索语言必须具备三个基本要素:有一套专用符号来构建词汇;有一定数量的基本词语用来表达基本概念;有一套专用语法规则,用严格的句法手段和词法对词汇进行控制,以准确表达各种各样的概念。

在信息检索的整个过程中,检索语言的主要作用在于:标引文献信息内容及外表特征,保证不同标引人员表征文献信息的一致性。对内容相同及相关的文献信息加以集中或揭示其相关性。使文献信息的存储集中化、系统化、组织化,便于检索者按照一定的排列次序进行有序化检索。便于将标引用语和检索用语进行相符性比较,保证不同检索人员表述相同文献内容的一致性以及检索人员与标引人员对相同文献内容表述的一致性。保证检索者按不同需求检索文献信息时,都能获得最高的查全率和查准率。[1]

二、文献信息检索语言的基本类型

目前,世界上的文献信息检索语言有很多种,按照不同的划分标准,可以分为不同的类型:外表特征语言和内容特征语言。检索语言按照所表达信息的特征分为描述文献信息外部特征的语言和描述文献信息内容特征的语言,这两种语言是文献信息检索中最为常见的检索语言。

外表特征语言:文献外部特征语言是文献上客观存在、显而易见的外部信息,例如,题名、作者姓名、机构、出版地、出版社、ISBN号、专利号、标准号等,可直接作为文献信息的标识和检索依据。也就是说,在组织文献信息时,外部信息被直接用来作为排序的依据,检索时也可直接依据外部特征信息进行搜索。

内容特征语言:文献内容特征语言是对文献的内容进行分析、判断后得出的主题概念或学科类别,并按一定的结构和规则予以描述的人工语言,例如,分类号、主题词、关键词等。若文献信息组织时采用从文献内容中分析得出的分类号、主题词、关键词等进行排序,检索时也相应以反映其内部特征的分类号、主题词、关键词等进行搜索。

描述文献外表特征的语言,作为文献标识与检索的依据,直接明了,使用时较为简单。而描述文献内容特征的语言,主要是分类语言和主题语言,其原理和使用方法较为复杂,是学习的重点。人工语言与自然语言:

---

[1]冯会勤,高志鹏.文献代码语言及其检索方法研究[J].图书馆学刊,2010,32(01):1-2.

检索语言按照其规范情况可分为人工语言和自然语言。

人工语言：人工语言也叫规范语言或受控语言，是指人为地对标引词和检索词的词义进行控制和管理的语言。简言之，就是受主题词表或分类表等控制的检索语言，包括分类语言和主题语言中的标题词语言、叙词语言、单元词语言等。人工语言的规范处理重在两个方面：一是使一个概念只用一个词语来表达，这样就避免了多词一义的情况；二是使一个标引词只能表达一个概念，这样就排除了一词多义现象。

自然语言：又叫非规范语言，是直接从原始信息中抽取出来的未经规范化处理、用以揭示信息主题概念的自由词，如关键词语言等，取其自然形态，不受控制，也叫非规范词或自由词。自然语言极其丰富、复杂和多样，存在着一词多义、多词一义及词义交叉的现象。常见的有同义词、近义词、同型异义词等。其特点是不用编制词表，能及时跟上事物发展，准确表达新概念，选词灵活，标引和检索速度快，便于计算机检索。但由于对同一事物用词不统一，会影响查全率。

三、主题检索语言

主题语言是直接以代表文献内容特征和学科概念的名词术语作为标引和检索标识，并按字顺组织起来的一种检索语言。主题检索语言提供了一种直接面向文献主题概念的组织方法和检索途径，具有直观性、专指性、灵活性等特点。也就是说，主题法直接采用语词作为标识，方便表达、容易理解；在揭示文献内容时不论文献主题多么专指，只要有表达这一主题概念的语词，即可进行检索；表达文献主题的语词可以是一个，也可以是多个，多个主题词可以进行概念组配检索。主题语言根据构成原则可以分为标题词语言、关键词语言、单元词语言和叙词语言等。

标题词语言：标题词语言是从文献的题目和内容中抽取出来，经过规范化处理，能表达信息主题概念的词，词组或短语。所谓规范化是指对自然语言中的同义词进行优选，对词的不同形式进行统一，对近义词进行合并，对多义词进行注释，对简称进行补全，对俗称进行说明等。标题词语言是最早出现并广泛使用的一种按主题来标引和检索文献的传统检索语言，是经过词汇控制的自然语言，属于先组式，检索语言。其基本构成单元是主标题、副标题，二者以固定的组合方式组织在词表中，检索时按既定组配执行。其特点是有较好的通用性、直接性和专指性,但灵活性较差。标题词表是将标题词按字母顺序排列编制的词表,即用标题词语言编写的词表。通过字母顺序直接提供按主题检索文献的途径。

关键词语言:关键词语言是直接以从文献的题名正文和文摘中抽选出来的,能够揭示文献主题和内容特征的、具有实际意义的自然语言作为标引和检索文献的语言。概括地说,关键词语言,就是将文献原来所用的、能描述其主题概念的那些具有关键性的词抽出,不加规范或只作极少量的规范化处理,按字顺排列,以提供检索途径的方法。绝大多数具有实际意义的信息单元(冠词、连词、形容词、副词、介词等除外)都能作为关键词。关键词语言选词方便、简单迅速,尤其在计算机检索中,可快速帮助用户了解最新信息,突出地显示出了其优越性;但因其未经规范处理,故其查全率较低。

单元词语言:单元词语言是以单元词作为文献内容标识和检索的依据。单元词指从文献中抽取出来的,经过规范化处理,能表达文献主题的最基本不能再分的词语,又称元词。单元词能表达一个独立的概念,具有灵活的组配功能检索时可将某些单元词组配起来使用。它与标题词的区别在于不选用词组或短语去表达复杂概念。例如,对于"制冷材料"这一概念,按单元词法是通过"制冷"和"材料"这两个单元词组配来表达该概念,而标题词法则直接选用"制冷材料"这个词组来表达它。随着科技的不断发展,单元词法已被更先进的叙词法所取代。

叙词语言:叙词是指一些以概念为基础,经过规范化的具有组配功能并可以显示词间关系和动态性的词或词组。叙词语言,就是以叙词作为文献检索标识和查找依据的一种检索语言。叙词语言是为适应计算机检索需要于20世纪60年代产生的,它以自然语言为基础,既吸收了分类语言的优点编制了叙词分类索引和等级索引,又吸收了标题词语言的优点编制了参见著录项目,极大地提高了信息检索的效率。叙词语言是多种情报检索语言的原理和方法的综合,是当今最重要的主题检索语言,代表着信息检索语言的主流方向。概念组配是叙词语言的基本原理。如"运输飞机设计"主题,在单元词语言字符层次的组配原则下,可用"运输""飞机""设计"三个词组配表达,而按照叙词概念组配的方式可表达为"运输飞机""飞机设计"两个词语组配。叙词表即是用叙词语言编写的词表,简单地说,就是叙词的组合,通常由主表和辅表组成。

四、分类检索语言

分类检索语言用分类法来表达各种信息资源的概念,将各种概念按照学科、专业性质进行分类和系统排列,构成分类类目表,由类目号码及名称作为标引和检索语言。分类法就是按照一定的观点,以学科体系为基础将各种概念按学科性质和逻辑层次结构进行分类和系统排序,结合信息的内容特征,运用概念划分的方法,按知识门类从总到分,从上到下,层层划分,形成一系列专指的分类标识,并构成一个具有隶属并列关系的概念等级体系。分类语言能够充分体现知识分类体系的系统性,展示学科或事物之间的从属、派生关系。

目前,国内比较常见的体系分类表有:《中国图书馆分类法》,简称《中图法》;《中国社会科学院图书馆分类法》,简称《科图法》;《中国人民大学图书馆分类法》,简称《人大法》。国外常见分类法有:《杜威十进分类法》(DDC)、《国际专利分类法》(IPC)、《国际十进分类法》(UDC)、《美国国会图书馆分类法》等。

《中国图书馆分类法》是我国最为通用的一部分类法,是我国图书情报界为实现文献资料统一分编而编制的一部大型分类法。初版由科技文献出版社于1975年10月出版,1999年第四版出版时名称由原来的《中国图书馆图书分类法》改为《中国图书馆分类法》,次年,推出了电子版。2010年《中图法》第5版出版。

《中图法》由五大基本部类。22个基本大类和简表、详表、通用复分表几部分构成。基本部类。基本部类是图书分类法最概括本质的划分,但是不用来分类图书。基本部类的排列次序称为基本序列。

基本大类:基本大类是文献分类法中首先区分出来的第一级类目,它是分类表的纲目。基本大类是在基本部类的基础上扩展而来的。《中图法》在5大基本部类的基础上,分成22个基本大类,分别用22个字母表示。

简表:简表是图书分类法的基本类目表,是分别对每个基本大类,依据它的某些属性,作若干次逐一划分后得到的类目表,通过简表能对该分类法的分类结构一目了然。简表起着承上启下的作用,便于通过它寻找详细类目。

详表:也叫主表、正表,是简表的进一步展开,是类目表的主体部分。详表是整个《中图法》的正文,它集中体现了《中图法》的分类思想和分类原则,是用来分类文献的具体依据。每个大类下又细分成若干小类,如此层层划分。但对于一些要求继续细分的类目,还需要用辅助表进行细分。

通用复分表:通用复分表是为了适应表中某些类目,需要进一步细分的要求而设立的。通用复分表增强了类目的细分程度,并使详表幅度大大缩小,配上号码后,具有一定的助记性,但它们不能单独使用。《中图法》通用复分表有总论复分表、世界地区表、中国地区表、国际时代表、中国时代表、世界种族与民族表中国民族表和通用时间地点和环境人员表。

《中图法》的标记符号,采用字母与阿拉伯数字相结合的混合号码制,字母用来表示大类,在22个基本大类(一级类目)下,又根据各类目,知识学科的性质,逐级划分下级类目,二级以下类目,采用字母和数字混合编制。以文化、科学、教育、体育类图书为例。

G 文化、科学教育、体育(一级类目)。G4 教育(二级类目)。G42 教学理论(三级类目)。G423 课程论(四级类目)。G423.1 教学计划(五级类目)综上可见,分类号的变化体现了各学科体系的从属关系,分类号位数每增加一位,则分类级别更低一级。

目前,许多高校和公共图书馆都用《中图法》来管理图书。以西北民族大学图书馆为例,西北民族大学图书馆所有中文图书严格按照《中图法》来排架,排架原则如下。

先排大类 A、B、C……Z 大类中的下级类目按小数制排序,例如,B200.3 排在 B21 前面,F717.1 排在 F718.1 前。分类号相同,再按种次号排,种次号按自然数顺序排列,如 F717.1/3 排在 F717.1/8 前。

每本书的索书号构成是这样的:索书号=分类号+种次号,《简·爱》的索书号是 1561.44/147,1561.44 是分类号,表示欧洲文学中的英国文学,147 是种次号。分类号根据《中图法》分类标准而给,种次号也叫排架号,由系统自动生成。

《中图法》属于体系分类法,类目体系采用等级列举式分类体系,能体现学科的系统性,揭示事物纵向的隶属性和派生关系以及横向的平行关系,具有按学科或专业集中、系统揭示文献信息内容的功能,而且利用该分类法组织图书排架系统比较简单明了。但该分类法的直线性序列结构,难以适应学科之间相互交叉渗透的多维空间,不适合主题复杂的多维概念的描述,造成从不同学科论述同一事物的信息分散现象。而且,所有类目都是预先确定的,不能随时补充与修改,灵活性差,有难以适应新学科出现的局限性。

《杜威十进分类法》简称DDC是广为世界各地图书馆使用、影响最大的一部大型分类法。1873年由美国著名图书馆学家麦维尔·杜威所创,有简详两种版本。目前,DDC已被翻译成30多种语言,全球超过135个国家的20多万个图书馆在使用。在美国,有95%的公共图书馆、25%的高校图书馆、20%的专门图书馆使用DDC。DDC采用传统的学科来分类,首先把所有知识体系分为十个主要学科,每一大学科下又分为十类,每类又分为十小类。DDC中每个学科都是以阿拉伯数字作为基本的分类标记符号,给予特定范围的数字来表示每个学科。

第三节 文献信息检索系统与检索工具

一、文献信息检索系统概述

(一)文献信息检索系统含义

文献信息检索系统是指根据特定的信息需求而建立起来的,存储有经过加工的文献信息集合,拥有具备一定存储、检索与传送功能的技术设备,提供一定的存储技术、检索方法及检索服务的工作系统。简单地说,信息检索系统就是信息的存储和检索系统。包括传统的二次、三次印刷型检索工具,面向计算机和网络的联机数据库检索系统光盘数据库系统以及搜索引擎、FTP、BBS等各种网络检索工具。信息的存储是检索的基础,检索则是存储的目的,两者有机结合,构成一个完整的信息检索系统。信息检索系统又是连接信息用户和信息资源的必要中介。随着科技的发展、文献量的激增、用户需求的增长,信息检索系统越来越复杂,功能也越来越强大。

作为检索系统,必须具备4项条件:对所收录文献的各种特征要有详细的描述。每条描述记录(款目)都标明有可供检索用的标识。全部描述记录必须系统地、科学地组成一个有机整体。具有多种必要的检索手段,如分类索引、主题索引、作者索引等,便于检索。

(二)文献信息检索系统构成要素

一般来说,组成信息检索系统的基本要素有:检索文档、检索设备、系统规则、操作人员。这几大要素的运行情况直接反映着信息检索系统的服务效果。

检索文档:是经过有序化处理并标有检索标识的文献信息集合。它可以是文献的全文信息,也可以是二次文献信息;可以是文字信息,也可以是表示图像、事实、数值数据等的各种信息。如手工检索系统中的目录、题录、文摘、索引等检索工具书以及百科全书、年鉴、手册等参考工具书;计算机检索系统中的各类数据库。检索文档是检索系统软件环境的核心部分。

检索设备:检索设备是用以存储文献信息和检索标识,并实现文献信息存储和检索操作活动的一切技术设备。如手工检索系统的印刷型检索工具;计算机检索系统硬件设备以及联机、网络检索时需要的网络线路、通信装置、终端设备等。

系统规则:系统规则是系统用来规范信息采集、分析、标引著录、组织管理、检索与传输等过程的各项标准体系。系统规则包括检索语言、著录格式、标引方法检索系统构成与管理方法信息传输与控制标准、检索结果输出方式等。

操作人员:包括文献信息采集人员、加工标引人员、系统管理维护人员、信息检索人员等。

(三)文献信息检索系统的类型

根据不同的标准,文献信息检索系统可以划分为许多不同类型。按内容,可划分为目录、题录、文摘、索引、全文信息检索系统和多媒体信息检索系统等。按载体,可划分为书本式检索系统、卡片式检索系统、穿孔卡片系统、缩微式检索系统、光盘检索系统、计算机检索系统和网络检索系统等。按收录信息的范围,可划分为综合性检索系统、专业性检索系统和单一性检索系统。按信息组织的形式,可划分为文本检索系统、超文本检索系统、多媒体检索系统、网络检索系统。按检索使用的技术手段,可划分为手工检索系统、机械检索系统、计算机检索系统。目前,常用的信息检索系统类型是手工检索系统和计算机检索系统。

手工检索系统:以手工方式存储和检索信息的系统。检索时使用各种纸质检索工具(如目录、题录、文摘、索引等),全凭手工操作,检索入口少、速度慢效率较低、漏检现象严重,不便于多元概念、复杂概念课题的检索。手工检索是计算机应用还没有普及之前信息检索的主要形式。目前,手工检索在信息检索中仍发挥着作用,与计算机检索共存,互为补充。

计算机检索系统:20世纪50年代以来,随着计算机技术的不断发展,在传统手工检索和机械检索的基础上逐渐形成了计算机检索系统。计算机检索系统是使用计算机来存储、处理和查找信息的自动化检索系统。它借助计算机技术、数据库技术和通信技术,把信息及其检索标识转换成电子计算机可以阅读的二进制编码,存储在磁性载体上,通过人机对话的方式由计算机根据程序进行查找和输出用户所需信息。检索时可以同时进行多途径复合检索,可以同时对多个数据库进行操作,并可提供远程检索。随着网络技术的飞速发展,计算机检索系统以其灵活、检索入口多、速度快效率高等特点已经成为人们生活、学习、工作中获取信息的最重要途径。计算机检索系统又可以分为脱机检索系统、光盘检索系统、联机检索系统和网络检索系统。

(四)文献信息检索系统的作用

提高检索质量:检索系统将不同类型、不同语种、不同媒体的文献按学科、主题组成一个有机的知识整体,避免了直接检索的盲目性、分散性和偶然性,从而保证了检索的查全率和查准率。提高检索速度。利用检索系统检索文献可以节省时间,缩短检索过程,提高检索效率。因为科研人员在查阅文献过程中面对的不是分散无序的原始文献,而是能反映原始文献情况的、系统化的文献线索和文献内容要点。

多种检索途径:检索系统将各种文献特征标识按一定的规则进行编排,提供了有规律的不同的检索途径,用户可以根据需要灵活地从多角度进行检索。

消除语言障碍:目前,世界上出版的文献所使用的语言有六、七十种之多,科技人员在查阅文献过程中,通常受到语种的限制而漏检一些有重要参考价值的文献。而一种检索系统可以用一种语言来收录、报道不同文种的文献,用户只要掌握几种常用语言,就能查阅多种文字的文献信息。①

二、手工检索工具

作为狭义检索工具的手工检索工具,根据其内容和功能的差异可分为指示线索的线索工具书和提供具体信息的参考工具书两大类。

(一)线索工具书

线索工具书又称为检索工具书,用来查找文献信息的线索,属于二次或三次文献。每种检索工具书的内容结构大体上都是由编辑使用说明、目次表、正文、索引及附录五部分组成。线索型工具书种类很多,包括各种目录、题录、文摘、索引、工具书指南和书目等。

目录:目录又称为书目,是图书目录或者报刊目录的简称。它是指对一批相关的图书或报刊进行着录后,按照一定次序编排而成的检索工具。了解某一历史时期文献的出版状况、某一图书馆的文献收藏情况以及查找所需的书刊文献,都离不开目录。与其他检索工具相比,目录的历史最为悠久。

目录是以出版机构出版的文献为报道对象的,如整本图书、一种期刊、一部会议录等,多采用基本着录法,主要揭示文献的外部特征。其着录项,一般包括出版物名称责任者(著者、编者、译者等)、出版项(出版地、出版者、出版时间、版次等)和稽核项(开本、ISBN、ISSN、价格等)。

常见的目录型检索工具有国家书目(也叫综合目录)、馆藏目录、联合目录、专题目录等。综合目录。是以各个学科门类的图书或者报刊文献为揭示对象的目录,如《全国总书目》《中国国家书目》《中国报纸名录》《中国期刊名录》等。

馆藏目录:它是揭示一个图书文献情报机构收藏图书报刊情况的目录,如《上海图书馆馆藏中文报纸目录》。联合目录。它是揭示和报道某个地区、系统或全国的若干图书文献机构文献收藏情况的目录,如《西文图书联合目录》《全国中文期刊联合目录》等。它的作用是把分散在各处的藏书,从目录上联成一体,用户检索一次就可以了解多个图书馆的文献收藏状况。

---

① 樊瑜. 现代信息检索与利用. [M]武汉:华中科技大学出版社,2018.

专题目录：它是为一定范围的用户全面系统地揭示与报道关于某一特定学科、某一专门研究方向或研究课题的文献而编制的图书报刊文献目录，具有很强的针对性。如《大学生导读书目》《20世纪外国经济学名著概览》等。

题录：题录是在目录基础上发展起来的一种检索工具，是将图书和报刊中论文的篇目按照一定的排检方法编排，供人们查找篇目出处的工具。它将论文依一定的顺序排列，按"篇"报道，不论是否收藏原文，只要是已出版发行的文献都收录，具有"广""全""快"的特点，但无内容摘要。从揭示程度讲，它比目录更深入了一层。题录的著录项主要包括篇名、著者（或含其所在单位）、来源出处（包括出版物名称、卷期、页数、出版年等），无内容摘要，如《中国社会科学文献题录》《全国报刊索引》，美国的《化学题录》等。现在一些全文数据库，访客首先访问的只能是其题录信息，如在《中国学术期刊网络出版总库》中，用户检索首先获得的就是文章的题录信息。

文摘：文摘就是对一份文献的内容所做的简洁而准确的描述。通俗地讲，文摘就是原始文献的内容摘要。它是将论文或书籍的主要论点、数据和结论等信息简明扼要地摘录出来，注明出处，并按一定方式编排的一种文献检索和阅读工具，它是检索工具的主体，二次文献的核心。美国的《工程索引》和英国的《科学文摘》等均属此类检索工具。文摘在检索工具中起着举足轻重的作用：可以快速了解和掌握一次文献的基本内容。文摘是把某一学科或专业的重要文献浓缩为摘要，使用户在不必阅读原文的情况下，迅速真实地掌握其基本内容、学术观点和重要结论，了解该专业的发展水平和最新成就，可以大量节省用户的时间和精力。

索引：索引是指将文献信息中所包含的主题词、分类号、著者姓名、论文题名等内容摘录出来，并注明它们所在图书期刊或检索工具中的位置，然后按照一定的规则编排组织起来所形成的检索工具，如《工程索引》的主题索引、著者索引等。

索引条目至少有两个著录项目：标目（标识）和存储地址，有时候可能还会有说明语。索引比目录和文摘性检索工具应用更广，不仅有正式出版的索引刊物（独立的索引刊物），如《人民日报索引》《计算机公司名录索引》等，还有许多的文摘、目录刊物之后附有各种辅助索引，如主题索引、著者索引、关键词索引等。尤其是辅助性索引应用更广,现已成为检索工具不可分割的组成部分。

文献指南和书目之书目。文献指南是指围绕某一学科,将其主要期刊和其他类型的重要一次文献、重要参考书和各种检索工具及其使用方法等做比较全面系统地介绍的一种工具书,属于三次文献。它一般分为工具书指南和有关文献检索方法的专著两种类型,如《中文工具书使用指南》《数学文献使用法》《英文工程文献查阅方法》《工具书指南》等。

书目之书目是检索工具的目录,即检索工具的检索工具,它是将目录、题录、文摘、索引等检索工具,按类型或学科、文种排列,并附上简介,指出所收录检索工具的内容、特点和使用方法,如《中国古今工具书大辞典》《国外社会科学工具书要览》《书目索引》《世界书目之书目》等。

(二)参考工具书

参考工具书是指根据特定的社会需要,广泛收集一定范围内比较成熟的知识,用简明扼要的形式,按一定规则全面、系统地编排组织起来的工具书。它主要向读者提供可参考的知识内容,包括数据、观点、结论定义公式、分子式、人物简介等数据和事实信息,如字典、辞典、百科全书、年鉴、手册等。参考工具书一般分为术语类、资料类、表谱类、图录类、名录类等多种类型。

术语类工具书:术语类工具书是提供字词的形、音、意和使用方法以及学科名词术语的含义、演变和发展的工具书,包括各类字典、词典,如《新华字典》《汉语大字典》《辞海》《牛津英语词典》《英汉缩略语词典》等。

资料类工具书:资料类工具书是提供各种基本知识或某一专题资料的工具书,包括百科全书、年鉴、手册、类书、政书、百科全书。百科全书是人类知识的总汇,是概述一切学科领域或者某一学科领域基本知识的,具有权威性知识性、检索性的大型工具书。它的内容包罗万象,采用条目形式,对每一学科的知识提供定义、概念、原理、方法、历史、现状、系统和参考书目等方面的资料,并配有完善的检索体系,读者能够迅速、准确的查获所需资料。所以,有人称百科全书是"工具书之王""没有围墙的大学""知识的小宇宙",如《中国大百科全书》《不列颠百科全书》《美国百科全书》《科利尔百科全书》等。

类书:采辑古典文献资料,按类别或韵目编排,以供查检引文典故、校勘或辑佚古典文献之用的工具书。一定程度上,类书可以看作是古代的百科全书,区别在于类书只是抄前人书上的资料,百科全书是撰稿人撰写的。最初编辑类书的用意在于供帝皇阅览,供士大夫作文临文备检。现在,类书是查考古代百科资料时最主要的检索工具。我国最早的类书是三国时王象等人编辑的《皇览》;最大的类书是明代解缙等人编辑的《永乐大典》;清代陈梦雷等编撰的《古今图书集成》是我国历史上现存的收录最广、最大的一部类书,素有"康熙百科全书"之称;而我国现存最早的类书是隋末唐初虞世南等撰的《北堂书钞》保存了许多隋以前古籍中片段资料的原始面貌。

政书:政书是中国古代出现的典志体史书,专门记载历代典章制度的沿革变化和各项政治、经济、军事、文化制度的演变和发展,按时间先后顺序编排,是历代典章制度方面的资料性工具书,如我国的"十通""十通"有《十通索引》供查阅。

年鉴:年鉴是系统汇集某一学科或某一范围一年内的重大新闻、事件各方面进展情况、最新成果及统计数据等,按年度连续出版的资料性工具书。它的内容涉及政治、经济、文化、科技等各个领域,其数据资料主要来源于政府文件、权威性报刊及各类统计报告。如《中国百科年年鉴》《不列颠百科全书年鉴》《计算机用户年鉴》《中国统计年鉴》《中国史学年鉴》等。

手册:手册是汇集某一方面经常需要查考的文献、数据资料或专业知识的工具书,如某学科的基础知识、基本公式图表、规格、数据规章、条例等。手册的名称很多,如指南便览、一览、大全等。手册具有简明扼要、系统、实用和方便查找等特点,是人们工作和学习不可缺少的工具书。手册根据所收录内容可分为综合性手册和专业性手册,如《中华人民共和国资料手册》《经济工作手册》《中国图书情报工作实用大用》《工程手册》《农业数据手册》等。

表谱类工具书:表谱是采用图表、谱系形式记载事物发展以指示时间概念或谱列历史事实的一种工具书。主要用来查检时间、历史事件、人物信息等;可分为年表历表和专门性表谱三种。

年表:年表又称大事表、大事记。是按年代顺序编制,专供查考历史年代和检索历史大事的工具书。分为单纯纪年的纪元年表和纪年又纪事的纪事年表两类,如《中国历史纪年表》《中国历史大事编年》《中华人民共和国科学技术大事记》等。

历表:历表是把不同历法的历日按一定的次序汇编在一起,组成相互对照的表格,是查考和换算不同历法年月日的工具书,如《两千年中西历对照表》《公元干支纪日速查盘》。

专门性表谱:专门性表谱是汇编人物生平历代职官、地理沿革及科技数据等资料,用表格形式排列并附有简单文字说明的工具书,包括人物表谱和职官地理沿革表谱等,如《白居易家谱》《历代官职表》和《历代地理沿革表》等。

图录类工具书:图录是以图形或图像的方式来提供知识、揭示实物的工具书,分为地图和图谱两类。

地图:提供查检地名及其方位的工具,它将地表事物和社会现象按比例缩小并标绘于图纸上,能概括反映地表事物和现象的地理分布与相互联系情况。地图可分为普通地图、历史地图、专业地图等,如《中华人民共和国地图集》《中国历史地图集》。

图谱:图谱用图像表现事物、文物或人物形象可以揭示历史人物、事件或科技事件发生与发展的过程、仪器与设备的图片等方面的工具书,如《中国历史参考图谱》《中国纸币图鉴目录·四行通钞》等。

名录类工具书名录是一种简要介绍人物、团体、物品或地域情况等事实材料的工具书。按收录内容,名录可分为人名录地名录、机构名录、厂商名录、报刊名录、研究项目名录等。这里主要介绍前三种。

人名录:又称"名人录",是一种简要介绍某一方面人物生卒年、学历、经历、荣誉、称号、著作及其通信地址等资料的一种工具书,如《国际名人录》《世界人名录》《中华人民共和国名人录》《将帅名录》《中国林业专家大辞典》等。

地名录:地名录是广泛收录经审定的规范化的地方名称,并注明所属国名、行政区划、经纬度和在某地图集上的具体位置以及该地区的政治、经济、文化等简况资料的工具书,如《世界地名录》《中华人民共和国地名录》等。

机构名录:又称机构指南,是系统编排有关组织机构概况的一览表。它可供人们查询有关机构组织的宗旨、组织结构、权限职能、业务或职责范围历史、成员、地址、出版物以及其他方面情况的工具书,如《世界大学名录》《中国企业名录全书》《中国企事业名录大全》等。

第四节 文献信息检索技术

信息检索技术是指利用现代信息检索系统,如联机检索、光盘检索或网络检索系统,检索有关信息或数据库所采用的相关技术。随着计算机技术、数据库技术、网络技术和人工智能等的进步,信息检索技术也在发展过程中,并出现了许多新的检索技术和研究热点。常见的文献信息检索技术有布尔逻辑检索、截词检索、字段限制检索、位置运算符检索、加权检索、聚类检索等,这里主要介绍前三种。

一、布尔逻辑检索

布尔逻辑检索是以英国数学家和逻辑学家布尔的名字命名的。它是采用布尔代数中的逻辑"与"逻辑"或"、逻辑"非"等算符,通过检索词语或代码的逻辑组配,将检索提问式转换成逻辑表达式,限定检索词在记录中必须存在的条件或不能出现的条件。凡符合布尔逻辑所规定条件的文献,即为命中文献。布尔检索是计算机信息检索中最基本的一种检索技术。

一般来说,在实际检索中,可以使用多个布尔逻辑运算符,使检索式能够更为准确地表达检索主题。在使用多个布尔逻辑算符时,其优先执行顺序是:"not"最先,"and""or"最后。如果要改变检索顺序,可以使用圆括号"()"。其执行顺序是先算括号里面的,再算括号外面的;如果有多个括号时,先执行最里面的括号中的运算符。但在不同的检索系统中,可能会有不同的规定,需事先了解清楚再进行检索。[1]

布尔检索简单、明确,易于理解和实现。但是,由于布尔检索主要是基于二元判定标准,即对用户来说,一篇文档只有相关和不相关两种状态,缺乏文档分级的概念,从而限制了检索的准确性,因此导致布尔检索存在一定的缺陷。

---

[1]龚思婷.基于相关性判据的信息检索优化[D].南京:南京大学,2013.

二、截词检索

(一)截词检索的含义

截词检索是指利用检索词的词干或不完整词形进行信息查找的一种检索方法,也称截断检索词干检索或部分一致检索。由于截词检索实际上是使用通配符或截词符来进行的,所以有人将其归入模糊检索的范畴。狭义的截词检索对象为单词、词组,广义的截词检索对象已经发展到文献题名、文摘,甚至全文。

截词检索的具体做法是:将检索词从合适的地方截断,取其中的词干或片段词语再加上截词符,意在指明该检索词与文献库中的标引词进行比较时,只要包含这个词干或片段词语的文献,都是命中文献。截词检索常用于检索词的单复数、词尾变化、词根相同的一类词、同一词的拼法变异等。截词符的使用可以扩大检索范围、提高查全率和检索效率。通常,下拉菜单中的模糊检索选项就是各种截词检索技术的实际应用。

(二)截词检索的类型

不同的系统使用的截词符号不尽相同,常用截词符号有"?""*"。截词方法也有多种,常用的类型有以下几种。

按照截断的字符数量可分为有限截断和无限截断"?"表示有限截断,有限截断是指截断的字符数量依据"?"的个数而定,一个"?"只能代表0或1个字符,N个"?"可以代表0-N个字符。例如,"colo?",只能检索出含有colour、color等词的文献;"won?"可以检索出含有woman或者women的文献。

"*"表示无限截断,指截断的字符数量不受限制。例如,输入"electric*",可以检索出含有electrical,electrically,electricity等词的文献。但需要注意的是无限截断不能用于中截断检索。

按截断位置可以分为前截词、后截词,中间截词和前后截词4种前藏词。又称左截词,用于后方一致的派生词检索,截词符放在被截词左边。表示其左面的有限或无限个字符不影响该字符串的检索。使用前截词可以在一个检索词有各种词头变化时只输入一次即可检索到全部结果。例如,输入检索词"*magnetic",可检索出含有electro-magnetic等词的文献。

后截词:又称右截断,用于前方一致的派生词检索,截词符置于被截词右边。表示其右面的有限或无限个字符不影响该字符串的检索。西语的单复数、年代、同根词、作者等都可用后截词检索。例如:输入检索词book?,可检索出含有 book、books 的文献;输入 200? 可检索出所有 21 世纪 00 年代的文献;输入 Crick*可检索出所有姓氏为 Crick 的作者。在截词检索中,后截断是最常用的一种检索技术,一般的检索系统都有此项功能。

中间截词:又称内嵌字符截断,用于检索词中间某几个字符有变化的检索,截断符号放在一个检索词的中间。表示这个位置的有限个字符的异同不影响该字符串的检索。如英美。单词拼写的差异,单复数的不同等,用这种检索比较简便。例如,输入 wom? n,可检索出含有 woman 和 women 的所有文献;输入 delen? e,可检索出所有含有 defense、defence 的文献。

前后截词:又称左右截词,是前截词和后截词的组合使用,将检索词的词头和词尾同时截断。用于中间词干部分一致的检索。这种方法一次输入即可检索到同一词干所有词头和词尾有变化的文献。例如,输入 *biolog*,可以检索出 neurobiology 等所有包含词干"biolog"的文献。

理论上,所有截词检索实际上都隐含着"逻辑或"运算,因此,截词检索可以提高查全率,扩大检索范围;同时,使用通配符也减少了检索词的输入量,节省了时间,降低了费用。由于义字结构方面的原因截词检索主要用于西文检索。需要注意的是,不同的检索系统有不同的截词规则,截词功能的表现形式也有所不同,有的使用截词符,有的使用选项方式,有的是自动截词。另外,在使用截词检索时,要做到既灵活又谨慎,截词不能过短,否则会检索出大量无用文献,降低查准率,影响检索效率。

三、字段限制检索

字段限制检索是用字段标识代码限定检索词在数据库记录中出现的字段范围的一种检索方法。在实际检索中,只要将字段代码与检索词结合使用,系统就会在字段代码指定的字段中进行检索,并输出命中文献。不同的检索系统,其字段标识不尽相同,字段标识和检索词的相对位置也有差异。因此,在使用之前,要先了解清楚其具体规定。字段限制检索可以有效缩小检索范围,提高检索速度和命中率,同时,在一定程度上又可兼顾查全率。

第五节 文献信息检索方法与途径

一、文献信息检索方法

检索方法是为实现检索方案中的检索目标所采用的具体操作方法和手段的总称。检索方法很多,在检索过程中应根据检索系统的功能和检索者的实际需求,灵活运用各种检索方法,以达到满意的检索效果。常用的检索方法有:常用法、引文法、循环法、浏览法、直接查找法、交叉限定法、综合法等,这里主要介绍前四种。

(一)常用法

常用法也叫普通法,是最常用的一种方法。它是利用书目、文摘、索引等检索工具进行文献资料查找的方法。运用这种方法的关键在于熟悉各种检索工具的性质、特点和使用方法,从不同角度查找。由于检索的要求不同,普通法按照检索的年代顺序可分为顺查法、倒查法、抽查法。

1.顺查法

顺查法是根据检索信息的起始年代,利用所选定的信息检索工具,由远而近逐年查找的方法。也是一种掌握某课题全面发展情况的大规模的信息查找方法。利用顺查法检索信息,查全率和查准率都较高。这种方法如果采用手工方式进行检索,比较费时费力,检索工作量很大;但如果用计算机和网络检索,则工作量相对会大大减轻。顺查检索法一般适用于那些主题较复杂,研究范围较大,研究时间较久的科研课题信息资源的检索。

2.倒查法

倒查法与顺查法刚好相反,是在选定的检索系统中,就需要检索的课题从最新的数据开始查起,目的是获取近期发表的最新文献信息。一般科研人员常用此法以获取某研究领域最新成果和学术动向,或者判断某项成果是否具有创新性。而在最新的文献信息中,一般都有对早期有关文献信息的引用、论证、概括和文献线索,从而可以了解其基本发展情况。用倒查法可以提高文献的查新率,但对于有较长学科史的研究项目来说,则有可能使漏检率上升,导致查全率和查准率都下降。故倒查法更适合新兴学科的文献检索,或某个研究领域的最新进展等。

3.抽查法

抽查法是就某个研究领域的某个方面或某个发展阶段进行重点抽查的检索方式。每个学科在发展过程中都有高速发展期和发展缓慢期,以波浪状向前推进。一般发展的高峰期会产生更多更有价值的文献信息,可以作为抽查法的检索重点,也容易检索到具有代表性的文献,提高查准事。可以用较少的时间和精力,检索到更多更准确的文献信息,事半功倍。利用抽查检索法检索文献信息,必须较准确地掌握要检索学科及研究课题的历史发展状况及高峰期的起止时间,才能取得满意的检索效果。

(二)引文法

引文法又叫追溯法、回溯法,是利用已知文献后所附参考文献进行追溯查找原始文献的方法。用于无检索工具或检索工具不全的情况下扩大信息源,直观、方便,但检索效率低、查全率低、漏检率高。

(三)循环法

循环法也叫综合法、分段法或交替法,是主题检索与引文检索的结合。具体做法是,先利用检索工具查得一批相关文献,再利用这批文献所附的参考文献进行追溯查找,从而得到更多的相关文献,如此交替循环,直至检索结果满意为止。这种检索方法获取信息量大,检索效率高,适用于历史悠久、文献信息需求量较大的检索课题。

(四)浏览法

浏览法也叫直接查找法,就是科研人员对本学科或本研究领域最新出版的核心期刊,每到一期便浏览阅读并将有用的文献信息采集记录的方法。浏览法查得的文献通常不全面、不系统,局限性较大,只能作为文献查找的辅助方法。[①]

二、文献信息检索的途径

文献信息检索途径就是利用信息的什么特征来查询相关信息,也就是用什么作为检索标识通过检索工具查到所需信息。从大的方面来讲,可以分为两类:一是通过文献外部信息特征查找,二是通过文献内容信息特

[①]王承海. 简述网络文献资源检索的方法[J]. 科技经济导刊,2017(20):233+273.

征查找。在检索中,可根据实际掌握的文献信息特征或信息需求选择不同的检索途径。

(一)从外部信息特征查找文献

文献的外部信息特征包括题名(刊名、书名、篇名)、责任者(著者、编者、译者、专利权人、出版机构等)、号码(标准号、专利号、报告号、索取号等)等。

1.题名途径

按文献的题名特征查找文献的检索途径,也称题名检索。它把文献上记载的书名、刊名、篇名、会议名等作为文献存储的标识和信息提问的出发点。常见的书名目录和索引、刊名目录和索引、篇名索引等都是按题名字顺组织起来的均可用题名进行检索。

2.责任者途径

根据文献的责任者名称特征查询文献的检索途径。如图书馆的著者目录、检索工具中的著者索引、机构索引、合同户索引、专利权人索引、著者所在单位索引等都是按责任者名称字顺编排的,均提供有责任者检索途径。通过该途径可查询到同一著者、同一机构发表的所有文献;也可以通过合著者查询出一批彼此联系在一起的著者及其著作。利用责任者检索途径应注意不同国家姓名的写法和用法。

3.号码途径

根据文献的序号或代码查询文献的检索途径。如专利号索引、报告号索引、合同号索引、标准号索引、登记号索引、分子式索引等都是按号码自身特有的次序编排的,均提供号码检索途径。文献号码在识别文献时具有明确、简短、唯一的特点。利用号码检索途径必须借助有关的代码辞典,判断和了解有关序号或代码的含义和规则。一般来说,号码索引大多按缩写字母的字顺加号码的次序由大到小排列。检索时,先按缩写字母,后按号码次序进行,在已知文献编号的前提下,这一途径方便快捷。

(二)从文献内容特征查找文献

文献的内容特征是文献所记载的知识信息中隐含的、潜在的特征,如分类、主题等。根据文献内容查找文献的常用途径有两种:分类途径和主题途径。

1. 分类途径

根据文献信息所属的学科专业特征及其在特定知识分类体系中的特定位置查询文献信息的检索途径。简言之,就是根据文献信息的分类号进行检索。一些百科全书、图书馆的分类目录、多数检索期刊的正义等,都提供有分类检索途径。按分类检索途径检索,关键是要了解相关的分类表,并能够判断自己信息需求的分类归属;然后依据检索工具所采用的分类表逐层逐级查找,直到找到适宜的类目和类号为止。分类检索历史悠久,一直是人们最基本的文献检索手段。

2. 主题途径

利用能够反映文献主题内容的概念作为检索词进行检索的途径。这是目前最常用和最重要的检索途径之一。主题就是文献的中心内容,用以表达文献所论述和研究的具体对象和问题。每篇文献都包含有若干主题。主题是用主题词来表达的,狭义的主题词仅指叙词,广义的主题词包括关键词、主题词、标题词、叙词。一些百科全书和年鉴的辅助索引,图书馆的主题目录、多数检索期刊的辅助索引、计算机检索系统等,都提供有主题检索途径。采用该途径的关键是掌握相关的主题词表和字顺排检法,并将检索课题的概念转换成词表上的主题词。

第六节 文献信息检索步骤与效果评价

一、文献信息检索步骤

一般而言,文献信息检索可分四步:第一步,先分析研究课题,明确检索目标和要求;第二步,正确选择信息源;第三步,制定检索策略,实施检索;第四步,获取原文。

(一)分析研究课题,明确检索目标和要求

分析研究课题是整个检索过程的第一步,也是至关重要的一步,只有对所研究问题进行全面的调查分析,才能对检索需求和要达到的检索目标了然于心。在分析研究的基础上,要明确信息检索的目标和具体要求。主要包括以下几个方面。

1.明确检索主题

在具体的课题分析中要准确地找出课题所涉及的主要内容和相关内容,从而形成主要概念和次要概念,同时明确概念与概念之间的逻辑关系,以利于主题词的选取和检索词的确定。主题概念分析要做到。

2.概念的表达要确切

可以先进行主题切分,把研究主题切分成多个概念,并从中找出可以反映核心主题的概念词汇,再确定可以准确、全面表达主题实质内容的检索词,并去除重复概念和意义不大的概念。

3.准确挖掘隐性主题

分析课题时,不仅要对课题名称字面上涉及的主题概念进行拆分,更要分析出未在字面体现的隐含主题,掌握课题研究的实质内容。挖掘隐含主题可以利用工具书或相关学术搜索了解课题背景知识;可以阅读已查到的文献,并从篇名、关键词、全文或参考文献中寻找隐含主题;也可以利用自己的知识储备与同行交流探讨,从中发现隐含主题,明确概念之间的关系。即明确已确定的主题概念之间是逻辑"与"、逻辑"或"还是逻辑"非"的关系。

4.确定检索的时间范围

每一项理论或技术都有其发生、发展和形成的过程。为避免浪费时间和精力,检索时应根据研究课题的背景确定检索的时间范围,时刻关注相关学科的最新动态。

5.明确课题需要的文献类型

检索系统中收录有各种类型的文献信息,不同的课题性质对文献类型的需求不同,要恰当选取。明确检索结果的给付形式,检索结果是要以目录、卡片、文摘还是全文的形式提供。

6.了解课题对查新、查准、查全等方面的具体要求

为满足查全要求,就要普查多种数据库;为快速满足查准要求,应选择主题范围最专指的数据库;如需最新数据,则选择数据更新周期短、速度快的数据库。明确文献检索需求的主要语种,只有明确了以上诸多要求和因素之后,才能使检索课题及其需求更为明晰,从而使检索效果更为理想。

(二)正确选择信息源

在分析研究课题的基础上,明确了检索目的和要求,便可选择最能满足检索需求的检索系统和检索工具。现有的检索系统或检索工具数量众多,类型多样,每个检索系统或检索工具的内容性质和特点等都有一定的差异,因此,在明确检索任务和要求之后,要据此选择所覆盖的学科专业和收集的文献类型以及检索需求匹配度最高的信息源。

通常在选择信息源时,需要考虑的因素有:在内容和时间上,检索数据库的收录内容和收录时间要能够覆盖检索课题。在检索技术和手段上,要根据时间要求、设备情况及经费条件等来选择适合的检索系统和检索工具。一般有计算机检索系统的就不用手工检索,但若要查找最新或较久远的文献,而数据库尚未收录或没有质量较高的数据库可供检索,则可用手工检索工具。故多数情况下都是机检和手检相结合。从文献的获取上来看,选择那些比较容易获取全文的信息源。

对各类数据库和检索系统及检索工具的选择应做到去粗取精、去伪存真。信息源的了解和选择可以参考相关的数据库指南和参考工具书指南等三次文献或图书馆的读者指南等,如国家科委主编的《数据库指南》《中国数据库大全》和美国图书馆学会出版的《参考工具书指南》等。

选择信息源应遵循以下原则:在满足当前信息需求的同时,考虑下一步的信息需求,并为之做必要准备。在强调准确性的基础上,兼顾相关性;在强调获取原文的基础上,兼顾文献线索的全面性;在全面掌握母语文献资源的基础上,兼顾外文文献。

(三)制定检索策略,实施检索

检索策略是指为实现检索目标而制订的计划或方案。这一般包括以下两个方面:确定检索词和检索途径。检索词的提炼与选取是否准确、全面科学,将直接影响到检索结果的准确性和全面性,故检索词的选取至关重要。

目前,绝大多数检索工具都提供多种检索途径,如分类、主题、著者、关键词等,应根据课题主题分析的结果确定最佳检索词和检索途径。构造检索式:检索式是计算机检索中用来表达检索提问的逻辑算式,这是制定检索策略的最后一步,也是非常关键的一步。因为,即便确定好了检索方式和检索词,选定了信息源,如果检索式构造不合理,仍不能检索出想要的结果。检索式要根据对研究课题的分析结果所确定的信息需求科学地构造。注意检索词与检索字段的匹配,检索词之间逻辑关系的匹配,精确度的匹配,运算顺序、检索范围的设定,全文运算符与截词运算符的合理使用等。不同的检索系统或检索工具在具体检索中可能有细节上的差异,在使用前需先了解清楚。

(四)获取原文

获取原文是信息检索的最后一步,这一步看似简单,实非易事。手工检索中,在获取原文之前需先识别文献类型并将缩写刊名还原成全称。

1. 识别文献类型

检索工具着录文献条目时,一般不注明文献类型,需要检索者根据着录项自己进行识别,若不会识别,就无法找到原文。检索工具所收录的文献一般有图书、期刊、会议文献、科技报告学位论文及专利文献等,这些文献类型均可从着录款目中进行辨识,这对用户按不同的文献类型查找馆藏目录并获取全文有重要价值。不同类型的文献,其着录项如下:图书。图书一般着录项有著者、书名、出版社、出版地、出版时间、图书总页数,国际标准书号。期刊。期刊的着录项,一般包括刊名、年卷(期)、页次等;有的期刊,尤其是外文期刊,刊名多用缩写形式,需要将刊名还原成全称后再查找原文。

2. 会议文献

会议文献着录项有会议名称、会址、会议时间。科技报告:科技报告的着录项是报告号。学位论文:学位论文的着录项主要有学位名称学位授予单位名称、地点、学位授予时间。专利文献:专利文献的着录项主要有国别代码、专利号和专利的法律状态。

3. 缩写刊名还原

国外的大部分检索工具,为节约篇幅,文献着录条目中的刊名一般都采用缩写形式。故需先将缩写刊名还原成全称,才能索取原文。西文期刊名称还原可采用该检索工具的"引用期刊一览表"之类的索引对照转换。对于非拉丁语系的日文、俄文期刊,需先用"引用期刊一览表"查出其全称刊名,再用日—英、俄—英字母对照表转换为原刊名。对于中文期刊在英文检索工具中既有按汉语拼音音译的,也有按英文意译的,需注意勿将汉语拼音当作英文翻译。书名一般不缩写,不需转换,可直接根据出版项查询原文。会议录名称一般也用缩写,需用会议录专用索引还原全称,有的检索工具将其置于"引用期刊一览表"中。

在计算机检索系统中,如果是全文库,则可直接获取全文;若是文摘或题录库,则可依据其题名和出处,在高校人文社会科学文献中心或其他科技文献信息服务机构查找全文收藏馆,进行文献传递,索取全文。[①]

二、信息检索效果评价

检索效果就是利用检索工具或检索系统进行检索后获取的有效结果。评价检索效果是为了准确掌握系统的各项性能和水平,找出影响检索效果的各种因素,以便有针对性地改进系统的服务质量,更好地满足用户的信息检索需求,也有利于自身竞争力的提高。

(一)检索效果评价指标

检索效果评价指标是指衡量检索系统性能和检索结果的标准。克兰弗登在分析用户基本要求的基础上,提出了6项检索系统性能的评价指标,它们是收录范围、查全率、查准率响应时间、用户负担和输出形式。对用户而言,在实际检索中最为关心的是查全率、查准率和响应时间,而查全率和查准率是衡量检索效果的主要指标,二者结合,反映了检索的实际效果。

1.查全率

查全率是指实际检索出的相关文献量与该检索系统中全部相关文献量的百分比,是对所需信息检出程度的量度,反映检索的全面性。与其互补的是漏检率,漏检率是指未检出的相关文献与检索系统中全部相关文献的比率,查全率越高漏检率就越低。

2.查准率

查准率也称相关率,是指在一个检索系统中进行检索时,检出的相关文献量与检出文献总量的比率,反映检出文献的相关性。与查准率互补的是误检率,误检率是指检出的不相关文献与检出文献总量的比率,是衡量信息检索系统误检文献数量和程度的尺度。查准率越高,误检率就越低。

查全率和查准率是评价一个检索系统的重要指标,查全率和查准率越

[①]陈有富. 网络信息资源的评价与检索[M]. 郑州:河南人民出版社,2018.

高,说明系统检索效果越好。但在实际检索中,查全率和查准率不可能同时达到100%。大量事实证明,在一个检索系统中,二者在达到一定程度后,它们之间就会呈现互逆关系。也就是,查准率不断提高的同时,查全率会不断下降;同样,在查全率不断提高的同时,查准率会不断下降。这是查全率和查准率都达到一定高度之后才会发生的现象。如果查全率和查准率都比较低时,两者完全可以同时提高。

(二)影响检索效果的因素

作为评价检索效果重要指标的查全率和查准率,与文献存储和信息检索两个方面直接相关,即与系统的文献收录范围、索引语言、标引工作和检索工作等有着非常密切的关系。

1. 影响查全率因素

从文献存储来看,影响查全率的因素主要有:文献收录不全;索引词汇缺乏控制和专指性;词表结构不完整;词间关系模糊或不正确;标引不详;标引前后不一致;标引人员遗漏了原文的重要概念或用词不当等。从文献检索来看主要有:检索策略过于简单;选词和逻辑组配不当;检索途径和方法太少;检索人员业务不熟练和缺乏耐心;检索系统不具备截词功能和反馈功能,检索时不能全面地描述检索要求等。

2. 影响查准率的因素

影响查准率的因素主要有:检索词不能准确描述文献主题和检索要求;组配规则不严密;选词及词间关系不正确;标引过于详尽;组配错误;检索时所用检索词(或检索式)专指度不够,检索面宽于检索要求;检索系统不具备逻辑"非"功能和反馈功能;检索式中允许容纳的词数量有限;截词部位不当;检索式中逻辑"或"使用不当等。

在实际检索中,如果对检索结果不满意,就要想办法提高检索效果。提高检索效果的方法有提高检索工具的质量,提高用户利用检索工具或检索系统的能力,制定更为优化的检索策略,多种检索方法和检索途径相结合等。

第三章 图书馆文献资源检索与利用之特种文献信息检索

第一节 学位论文检索

一、学位论文简介

(一)学位论文的概念

近年来,随着我国研究生教育规模的不断扩大、研究生数量的剧增,研究生学位论文作为一个特殊的文献形式也在与日俱增,形成了重要的医学信息源。

中华人民共和国国家标准《科学技术报告、学位论文和学术论文的编写格式》规定:"学位论文是表明作者从事科学研究取得创造性的结果或有了新的见解,并以此为内容撰写而成、作为提出申请授予相应的学位时评审用的学术论文。"也就是说,学位论文主要指高等教育机构的学生在导师指导下为获得学位独立完成并获论文答辩通过的学术研究论文。

学位论文对教学科研有一定的学术价值和参考价值,一般由各高校或科研机构收藏,或是由相关机构广泛收集,然后建立学位论文数据库。由于各国教育制度规定授予学位的级别不同,学位论文也相应有学士学位论文、硕士(或副博士)学位论文、博士学位论文之分。

(二)学位论文的特点

从内容上看,学位论文具有科学性、学术性、创造性和规范性等四个特点。科学性:科学性包括研究内容的科学性和研究方法的科学性。研究内容的科学性表现在概念严谨、前提可靠、材料翔实、数据精确。研究方法的科学性表现在论证逻辑严密、变量设置合理、研究方法有效。

1.学术性

学术性包括选题的专业性和语言的专业性。选题的专业性表现在必须以科学领域里的某一专业性问题为研究对象。因此文学作品、新闻报道等不能算作学术论文。语言的专业性表现在运用专业术语和专业性图表符号表达学术论文内容,语言简明、确切、规范。

2.创造性

创造性主要表现在开辟新的研究领域,提出全新观点或理论框架;深化和发展前人的研究成果,通过填补空白进行创新;从不同的角度,或以新的论证方式,或利用新资料来研究老问题,提出新见解;对已有的资料进行分析、整理对比研究,做出创造性的综合评述;以科学的论证推翻前人的定论(证伪)。

3.规范性

规范性表现在研究程序、论文撰写、论文格式的规范性。研究程序规范表现在按照相关要求和规范选题、制订研究计划、接受导师指导、参加答辩等。论文撰写规范表现在论文的结构安排、组成部分、字数要求、语言风格等应遵守相关规范。论文格式规范表现在参考文献、引用、注释、图表及摘要、关键词等应遵守格式规范。[1]

二、国内学位论文检索

(一)中国优秀博士、硕士学位论文全文数据库

中国博士学位论文全文数据库和中国优秀硕士学位论文全文数据库是中国知网(CNKI)系列数据库之一,由清华同方知网研制开发,重点收录"985"高校,"211"高校、中国科学院、社会科学院等重点院校的优秀博士、硕士论文和重要特色学科如通信、军事学、中医药等专业的优秀博士、硕士论文。用户可以通过访问中国知网使用该数据库。

中国博士学位论文全文数据库和中国优秀硕士学位论文全文数据库的检索界面相同,由基本检索、高级检索、专业检索、科研基金检索和句子检索组成。

在"基本检索"页面下,可检索的字段包括:主题、题名、作者、导师、学位授予单位,关键词摘要、目录、全文、参考文献、中图分类号和学科专业名称。"高级检索"是在同一界面下,完成多个字段的组合检索。文章可以分页下载、分章下载、整本下载或在线阅读CAJ格式的全文。

---
[1]陶蕾. 图书馆书目检索系统分析与设计[D]. 昆明:云南大学,2014.

(二)中国学位论文全文数据库

中国学位论文全文数据库是万方数据系列数据库之一,该库中的学位论文是文摘资源。该库收录自1980年以来我国自然科学领域各高等院校、研究生院以及研究所的硕士,博士以及博士后论文共计136万余篇,其中"211"高校论文收录量占总量的70%以上,论文总量达110余万篇,每年增加约20万篇。该数据库提供基本检索、高级检索和专业检索方式。

三、国外学位论文检索

(一)PQDT

目前,PQDT学位论文全文库是国内唯一提供国外高质量学位论文全文的数据库,是ProQuest公司旗下数据库。1938年,当时的UMI公司(现已更名为ProQuest)开始收集博士论文,由此诞生了迄今为止世界上最大的国际性博士、硕士论文数据库PQDT。ProQuest公司是美国国家图书馆之一国会图书馆指定的唯一收藏全美博士、硕士论文的馆外机构;同时也是加拿大国家图书馆指定收藏全加拿大博士、硕士论文的机构。

PQDT数据库属于文摘索引型数据库。数据库现已收录来自欧美1700多所大学的270多万篇学位论文,涵盖了从1637年直到本年度本学期获得通过的博士、硕士论文信息。PQDT数据库内容每周更新,及时收录最新的学位论文。目前,平均每年新增论文条目约7万篇。该数据库在学术研究中具有十分重要的参考价值。

PQDT数据库分为A和B两卷,其中涵盖人文社科专业各个学科领域;涵盖理、工、农、医专业的各个学科领域。数据库中除收录与每篇论文相关的题录外,1980年以后还收录了出版的博士论文信息中作者本人撰写的350个字的文摘,硕士论文信息中的150个字的文摘。对于绝大部分论文,提供论文前24页内容预览。目前,PQDT数据库还集成了开放存取的论文全文,共计8000多篇。今后每年预计新增2000到3000篇。

PQDT数据库使用ProQuest检索平台提供访问,用户可在一个平台上检索ProQuest的多个数据库,ProQuest检索平台提供中文的检索界面,使用简便。PQDT数据库提供基本检索。高级检索和论文浏览三种途径。基本检索是默认检索方式,在检索选项中,可浏览和查找论文的作者、学校、学科,从中选择并添加为新的检索词。同时用户也可以利用检索选项对检索结果进行限定。高级检索可按论文题目、作者、学科名、主题、导师、学校引文及摘要、语言等字段进行检索,并可实现多字段组合检索,以便精确定位所需要的内容。论文浏览功能可按学科和毕业学校所在的国家或地区来查找相关的学位论文。ProQuest平台支持XML、RSS Feeds功能,并可定制系统提示功能。

(二)美国网络学位论文数字图书馆

美国网络学位论文数字图书馆是由美国国家自然科学基金支持的一个网上学位论文共建共享项目,提供OAI(Open Archives lnitiative)的学位论文联合目录,目前,该图书馆包含全球十几家成员,多数论文提供PDF全文。

NDLTD提供各学科免费的学位论文文摘,部分学位论文可免费获取全文根据作者的要求,NDLTD文摘数据库链接到的部分全文分为无限制下载、有限制下载、不能下载几种方式。

(三)其他学位论文资源

OhioLINK俄亥俄图书馆与信息网络提供毕业于俄亥大学的博士、硕士论文的免费数据。Theses Canada(加拿大学位论文门户)可在线检索1965年至今的加拿大部分大学的学位论文,1998年之后的学位论文部分提供全文。MIT Theses(麻省理工学院学位论文)收录麻省理工学院学位论文,大部分有全文,下载全文用时稍长。

ADT澳大利亚数字学位论文项目澳大利亚数字学位论文项目整合了澳大利亚高校的数字博士、硕士论文,可以免费浏览全部学位论文的文摘;根据论文作者授权的不同,还可以免费阅读学位论文的前两章或全文。

第二节 标准文献检索

一、标准文献简介

随着经济全球化的发展,标准已经成为国家经济发展、国际经济竞争、企业发展水平的重要标志和组成部分。特别是我国加入WTO(世界贸易组织)以后,标准、法规已成为世界各国发展贸易、技术创新和推动技术进步的重要手段,标准在经济和社会发展中发挥着越来越重要的作用。

标准文献作为一种重要的科技出版物,是获取工程技术信息的重要信息源。利用标准文献有助于了解各国的经济与技术政策、生产水平、资源状况、标准水平;采用先进的标准可以改进产品质量,提高工艺水平和技术水平。标准文献是现代化生产不可缺少的文献资料。

(一)标准和标准文献的概念

1.标准的概念

标准是公认的权威机构批准的标准化工作成果,是科研、生产、交换和使用的技术规定,也是质量管理和质量保证的依据。技术标准是具有法律效力的文件,是标准文献的主体。

按照标准适用的对象,标准可以分为技术标准、管理标准和工作标准三大类。按照标准的约束效力,标准分为强制性标准和非强制性标准两类。按照标准的适用范围和颁布单位,标准分为国际标准、国家标准、行业标准、地方标准和企业标准五类。按照标准的状态,标准又可分为现行标准、即将实施标准、被替代标准、废除标准等类别。

2.标准文献的概念

标准文献是指按照规定程序编制并经权威机构批准发布,供给一定范围内广泛而多次适用的,包括一整套规格、定额、规则和要求的文件。标准文献具有较强的权威性、规范性、法律性和时效性,需要定期修订。

(二)标准文献的特点

1.标准文献技术成熟度高,约束性强

标准的技术成熟度很高,它以科学、技术和实践经验的综合成果为基础,经相关方面协商一致,由主管机构批准,以特定形式颁布。同时,标准分为强制性标准和非强制性标准两类。在产品生产、工程建设、组织管理中,标准作为国家和行业共同遵守的准则和依据,具有很强的约束性。

2.标准文献有自己独特的体系

标准不同于其他文献,它结构严谨、统一编号、格式一致、其中标准号是标准文献区别于其他文献的重要特征,还是查找标准的重要入口。标准还有自己的分类法,我国采用《中国标准文献分类法》,国际上采用(国际标准分类法)。标准在编写格式,审批程序、管理办法、使用范围上都自成体系。

3.标准具有期龄,需要复审

自标准实施之日起,至标准复审重新确认、修订或废止的时间,称为标准的有效期,又称标龄。由于各国情况不同,标准有效期也不同。各国的标准化机构都对标准的使用周期及复审周期做了严格规定。以ISO(国际标准化组织)为例,ISO标准每5年复审一次,平均标龄为4.92年。我国在《国家标准管理办法》中规定国家标准实施5年,要进行复审,即国家标准有效期一般为5年。

标准文献是了解世界各国工业发展情况的重要科技信息源之一,一个国家的标准反映了该国的经济技术政策与生产水平。此外,科研人员研制新产品和改进老产品,也都离不开标准文献。①

二、国内标准文献检索

互联网是获取标准信息的重要来源。著名的标准化组织,在互联网上大多建立了自己的Web网站,报道最新的标准信息。相对传统文本型的标准信息源而言,网上的标准文献信息具有更新速度快、查找方便、查询范围广等特点,为标准文献工作带来了革命性的变化,彻底解决了困扰多年的标准文献信息查找不方便的问题。计算机检索标准文献有正式出版的标准文献数据库和网络免费资源等。

(一)中国标准在线服务网

1.概述

中国标准在线服务网是国家标准门户网站、国家标准文献共享服务平台,提供中外标准文献的检索、标准文献全文传递和在线服务。该平台由国家市场监督管理总局牵头,中国标准化研究院建设维护,其标准信息主要依托于国家标准化管理委员会、中国标准化研究院标准馆及院属科研部门、地方标准化研究院(所)及国内外相关标准化机构。它提供中国标准文献的题录信息。检索的标准文献包括国家标准、行业标准、地方标准、各种国际标准、各国的国家标准及国外各行业的标准等。注册并登录该网站后,用户可以使用全部功能。用户还检索中外标准及免费阅读强制国家标准。其中全文传递等服务有偿。

---

①方松屏.现代文献检索概论[M].哈尔滨:东北林业大学出版社,2016.

2.检索方法

中国标准在线服务网提供简单检索、高级检索、专业检索和分类检索四种方式。高级检索提供8个可检字段(关键词、标准号、国际标准分类、中国标准分类、采用关系、标准品种、年代号、标准状态)进行组配检索。关键词的选择,少用通用词汇,如"试验方法"。

(1)简单检索

在网站首页有一个检索框,可以按标准号或关键词查询。这里的关键词检索是在中文标题、英文标题,中文关键词、英文关键词字段查询,如果输入的多个查询词之间用空格分隔、系统默认为逻辑"与"检索。

(2)高级检索

其检索功能更强大、更灵活。在此可以利用系统提供的8个可检字段进行组配检索,而且可以选择不同字段之间的关系来提高查全率或查准率。

(3)专业检索

编制检索公式,结合标准品种进行检索。

(4)分类检索

提供按"国际标准分类"或"中国标准分类"浏览相关的标准。

3.检索举例

已知标准号为GB19301-2010,检索该标准并阅读全文。在标准号字段可以输入GB19301-2010,可查出此标准名称是《食品安全国家标准生乳》,单击名称链接即可阅读。

4.检索结果处理

查询结果以题录方式显示,内容包括标准号、中文标题、英文标题。单击名称链接可以浏览该标准的详细信息(用户经注册成为会员后可免费检索相关的题录信息,但要获取全文还需要缴纳一定费用)。

(二)万方数据资源系统的中外标准数据库

万方数据资源系统的中外标准数据库收录了国内外的大量标准,包括中国1964年至今国家发布的全部标准、某些行业的行业标准及电气和电子工程师技术标准;收录了国际标准数据库、美英德等国家标准及国际电工标准;还收录了某些国家的行业标准,如美国保险商实验所数据库、美国专业协会标准数据库、美国材料实验协会数据库、日本工业标准数据库等。检索方法：系统提供简单检索、高级检索两种检索方式。检索字段包括标准编号、任意字段、标题、关键词、发布单位、起草单位、标准分类号、发布尔日期、实施日期等。

(三)中国知网(CNKI)的标准数据总库

中国知网的标准数据总库是国内数据量最大、收录最完整的标准数据库，分为中国标准题录数据库(SCSD)、国外标准题录数据库(SOSD)、国家标准全文数据库和中国行业标准全文数据库。中国标准题录数据库收录了所有的中国国家标准(GB)、国家建设标准(GBJ)、中国行业标准的题录摘要数据，共计标准约13万条。

国外标准题录数据库收录了世界范围内的重要标准，如国际标准(ISO)、国际电工标准(IEC)、欧洲标准(EN)、德国标准(DIN)、英国标准(BS)、法国标准(NF)、日本工业标准(JIS)、美国标准(ANSI)、美国部分学协会标准等标准的题录摘要数据，共计标准约31万条。

国家标准全文数据库收录了由中国标准出版社出版的、国家标准化管理委员会发布的所有国家标准，占国家标准总量的90%以上。中国行业标准全文数据库收录了现行、废止、被代替及即将实施的行业标准，全部标准均获得权利人的合法授权。标准的内容来源于中国标准化研究院国家标准馆，相关的文献、专利、成果等信息来源于CNKI各数据库。可以通过标准号、中文标题、英文标题、中文关键词、英文关键词、发布单位、摘要、被代替标准、采用关系等检索项进行检索。

国家科技图书文献中心标准数据库。国家科技图书文献中心标准数据库包括中国标准数据库、国外标准数据库和计量检定规程三部分。

三、国外标准文献检索

(一)ISO国际标准化组织在线

ISO国际标准化组织在线是国际上最权威的标准制定单位，也是世界上最大的非政府性标准化专门机构，其主要活动是制定国际标准、协调世界范围内的标准化工作。通过ISO国际标准化组织在线可查询国际标准信息。检索方法：在主页右上角单击"Search"按钮就可进入检索页面，网站提供简单检索、高级检索、分类浏览与扩展检索等方式。

高级检索，可选择的检索范围包括颁布标准、即将实施标准撤销标准、废除标准,检索字段包括关键词或短语、ISO标准号码、文档类型、语种、日期、标准委员会等。检索结果处理:检索结果提供相关标准的类号、标准名称、标准号、版次、页数、编制机构、订购全文的价格等信息。如果需要订购全文,则要单击相应的图标,并填写相关的个人资料、付款方式及全文的传递方法。

(二)NSSN网站

1.概述

NSSN是由美国国家标准学会(ANSI)管理、维护的一个全球标准文献搜索引擎。该网站可以利用它免费查询世界上600多个标准组织制定的30多万个标准。NSSN提供标准全文的获取信息(包括联系电话、标准组织的网址等,用户可以在线购买标准全文),还提供标准的跟踪服务(需登录)。

2.检索方法

NSSN网站检索标准文献有简单检索和高级检索两种方式。

(1)简单检索

在网站的首页有一个检索框,输入检索词,选择检索入口:Find Title, Abstract or Keyword(默认为此检索入口)或者Find Document Number。前者是在标准名称、摘要、委员会、开发者、关键词等中查询,后者是在标准号字段中检索。在前者中检索时,系统会自动搜索检索词及其变化形式;若输入的多个检索词之间以空格分隔,则默认为逻辑"与"检索;可以使用双引号进行短语检索;系统不区分字母的大小写。在标准号字段检索时,可以输入完整的标准号,也可以输入标准号的一部分。

(2)高级检索

NSSN高级检索提供了多个检索选项,包括选择检索字段(包括标准号、标准名称、全部字段,若选择全部字段,则在标准号、标准名称、摘要、委员会、关键词中查询);选择检索词的匹配方式(全部词、任一词、短语、布尔逻辑检索);限定标准的制定者及标准的范围等。用户可以设置检索结果返回的最大记录量及每页显示的记录数量。

3.检索结果处理

检索结果以题录形式显示,包括document(标准号)、title(标准名称)、developer(制定者)、ordering information(订购信息)。单击表格上的名称可以对检索结果按相应的项目排序。

第三节 专利文献检索

一、专利文献简介

(一)专利及专利文献的概念

专利(patent),由"royal letters patent"演变而来,原意为"皇家特许证书",系指由皇室或王室颁发的一种公开的证书,通报授予某人某种特权。现在的含义已有很大变化,包含三重含义:专利权,受到专利法保护的权利;受专利法保护的发明,获得专利权的发明创造;专利文献,即受到专利法保护的技术范围的法律文件。

根据世界知识产权组织的定义,专利文献是指包括已出版或未出版的已经申请或被确认为发明、发现、工业品外观设计和实用新型的研究、开发、设计和试验成果的有关资料以及保护专利所有人、发明人及工业品外观设计和实用新型注册证书持有人权利的有关资料的总称。狭义的专利文献专指发明人或申请人申请专利时提交并由专利局出版的某种发明的技术说明书,即专利说明书或发明说明书。这里涉及的专利文献为后者。

(二)专利的类型

发明专利:发明是指对产品、方法或者其改进所提出的新的技术方案。发明专利并不要求其是经过实践证明可以直接应用于工业生产的技术成果,而是可以是一项解决技术问题的方案或是一种构思,具有在工业上应用的可能性。发明专利体现了新颖性、创造性和实用性。

实用新型专利:对产品的形状、构成或者其结合所提出的适于实用的新的技术方案。发明水平较低,一般都是一些小的改革。

外观设计专利:外观设计是指对产品的形状、图案或其结合以及色彩与形状、图案的结合所做出的富有美感并适于工业应用的新设计。

(三)国际专利分类表

《国际专利分类表》(International Patent Classification,简称IPC)是根据1971年签订的《国际专利分类斯特拉斯堡协定》编制的,是目前唯一国际通用的专利文献分类和检索工具。此表每5年修订一次,现在使用的为第

8版。IPC体系采用等级结构,即部、类、小类、组和分组,将内容逐级分类形成一个完整的分类体系。一个完整的IPC号如下:A61B17/00("A"表示部号,"61"表示大类号,"B"表示小类号,"17/00"表示主组/分组)。

根据IPC协议,IPC仅对发明和实用新型专利文献(包括出版的发明专利申请书、发明证书说明书、实用新型说明书和实用证书说明书等)进行分类,而对外观设计专利的分类需要使用国际外观设计分类法(也称为洛迦诺分类法)进行分类。

(四)专利文献的特点

内容新颖、广泛:许多国家的专利法明确规定,专利文献上所阐述的发明内容,必须是没有在国内外出版物上公开发表过的,因而技术领域中最先进的发明创造总是最早公开发表在专利文献上的。同时,专利文献内容极其广泛,涉及所有应用技术领域,从生活用品到复杂的高尖技术产品,几乎无所不包,因此,专利文献是获取技术信息的最方便、有效的渠道。

格式统一,分类科学:各国专利说明书虽然语种不同,但都是按照国际统一格式出版,基本上都由扉页、说明书、权利要求书、附图等几部分组成,采用国际通用的INID代码标识着录项目,比如代表国别,代表国际专利分类号,代表优先权申请日等。因此,即使在不懂专利原文的情况下,通过标准的着录项目也能迅速识别申请人、发明人、专利权的授予等有关信息。此外,各国专利说明书与权利要求书在结构编排上也大致相同,方便查阅各国专利文献。而且随着国际专利分类法(IPC)的建立和推广,各国专利都使用了统一的分类标记,使专利文献拥有了一整套科学的分类体系,从而为采用统一的专利分类号检索专利文献提供了极大的便利。

报道速度快,时效性强:一方面,由于专利法规定专利权授予最先申请者,发明人一旦取得科研成果必然要抢时间申请;另一方面,专利法对专利文献的公开也有严格的时间规定,因此,专利文献已成为报道最新发明创造最快捷的途径。同时,报道迅速,缩短了科技成果转化为生产力的时间,使得科技成果尽早面向社会,加速了科技成果的交流速度。

内容详尽、具体,实用性强:各国专利法明确规定,专利文献必须具体、清晰、完整地阐述发明,达到同行业的普通专业人员可以看懂、实施该项发明的程度。因此,一般专利文献不仅叙述完整、详尽,而且有具体应用举例以及详细的附图,帮助用户理解技术方案的内容,也体现了专利文献的实用性。[①]

二、国内专利文献检索

检索与分析专利文献是科研人员极其重要的工作之一。无论是企业开发新产品，还是科研人员申请专利，都要先了解本行业最新的研究现状，比如目前相关研究有哪些、是否重复研发、是否抵触他人专利权等，而这些都离不开专利检索。

中国国家知识产权局目前提供了中国专利的三个免费检索站点：国家知识产权局专利检索咨询中心主办的中国专利信息网检索系统；国家知识产权局知识出版社制作并维护的国家知识产权网站；中国专利信息中心；以下介绍国家知识产权网站的专利信息检索。

国家知识产权网站（SIPO）专利检索系统，SIPO提供的专利信息数据库收录了1985年以来所有已公开或公告的近200万件中国专利文献，包括文本式着录数据、摘要和TIF图像格式的说明书（其中，1985～1996年的外观设计专利未提供说明）。SIPO专利数据库内容的更新与中国专利公报的出版保持同步，每周二更新1次。

中国知网专利数据库。中国知网专利数据库包含中国专利全文数据库（知网版）和海外专利摘要数据库（知网版）。其中海外专利摘要数据库（知网版）包含美国、日本、英国、德国、法国、瑞士、世界知识产权组织及欧洲专利局的专利。专利相关的文献，成果等信息来源于CNKI各数据库。可以通过申请号、申请日、公开号、公开日、专利名称、摘要分类号，申请人，发明人和优先权等检索项进行检索。国内专利提供一次性下载专利说明书全文服务，国外专利说明书全文链接到相关专利局网站。该数据库提供高级检索、一般检索和专业检索界面。

中国知网专利数据库独有的专利知网节，通过整合科技研究与创新发明信息，揭示专利核心技术、研究背景、应用动态、分布走势，帮助检索者评价或判断专利技术的创新水平。

万方专利数据库。万方专利数据库收录了国内外的发明、实用新型及外观设计等专利3200余万项。内容涉及自然科学各个学科领域，每年增加约25万条,中国专利每两周更新一次。国外专利每季度更新一次,用户

[①] 陈翔,马丽. 图书馆专利信息服务初探[J]. 科技与创新,2019(09):106-107+109.

可以通过IPC、专利名称、摘要、申请号、申请日期、公开号、公开日期、主分类号、分类号、申请人、发明人、主申请人地址、代理机构、代理人、优先权、国别省市代码、主权项和专利类型等检索项进行检索。该数据库提供专利全文下载。检索结果按国际专利分类法、发布专利的国家和组织、专利申请的日期进行分类。

三、国外专利文献检索

世界知识产权组织（WIPO）专利数据库。世界知识产权组织（WIPO）是由"国际保护工业产权联盟"（巴黎联盟）和"国际保护文学艺术作品联盟"（伯尔尼联盟）于1967年7月14日在瑞典的斯德哥尔摩共同缔约建立的政府间国际组织。1974年12月，它成为联合国系统下的第14个专门机构。总部设在瑞士日内瓦，该组织在美国纽约联合国大厦设有联络处，该组织主要职能是负责通过国家间的合作促进对全世界知识产权的保护，管理建立在多边条约基础上的关于专利、商标和版权方面的23个联盟的行政工作，并办理知识产权法律与行政事宜。

WIPO提供世界多个国家的专利数据库服务，其中包括PCT国际专利数据库、中国专利英文数据库、美国专利数据库、加拿大专利数据库、印度专利数据库，欧洲专利数据库等，这些数据库在WIPO主页上都有链接。该数据库提供检索和浏览两种检索方法。

美国专利检索数据库。该数据库由美国专利商标局提供，它分为授权专利数据库和申请专利数据库两部分：授权专利数据库提供1790年至今各类授权的美国专利包括1790年至今的图像说明书；申请专利数据库只提供2001年3月15日起申请说明书的文本和图像。该数据库提供快速检索、高级检索、精确检索、专利号检索。

第四节 会议文献检索

一、会议文献简介

会议是人们交流知识信息的重要渠道之一。学术会议为从事类似研究工作的学者提供了接触和交流的机会、场所;在会议上的论文宣读及参会者之间的讨论交流、加速了信息的传递,许多重大发现通常首先在学术会议上公布。因此,会议文献是一种比期刊文献传递新信息更快的文献类型。会议文献是最新研究成果报道的一种主要方式。

(一)会议文献的概念

会议文献一般是指在各种学术会议上发表的学术报告、会议录和论文集。会议文献包括会前文献和会后文献两种。会前文献包括会议日程报告,征文启事等,预报了会议内容及召开的时间、地点等,为科研人员及时了解和掌握世界范围的专业会议信息、撰写会议论文并参加会议提供了帮助。会后文献是指,会议结束后出版的会议文献,包括会议录、专题论文集、会议论文汇编、会议论文集、会议出版物及会议纪要。

会议文献的出版形式有很多,常见的有图书、期刊、科技报告、在线会议等,既有正式出版物,也有各种非正式出版物。会议文献的表达形式也比较多样化,给揭示、检索都带来一定的困难。所以在各类文献中,会议文献是比较难以收集和检索的文献。

会议文献的名称包括会议录、讨论会、研讨会文集、学术报告、讨论会论文集、会议论文汇编、会议记录、会议报告集、会议论文集、会议出版物、会议纪要等。

(二)会议文献的特点

重要的医学会议都会有一些国内外的行业领军人物、主要专家及学者参加并做大会主题报告,医学会议文献通常针对的是当今生物医学领域的重大课题,包含了许多新问题,新见解,新成果和新进展,具有专业性。此外,医学会议文献针对性强,连续性强,反映了某一专题各阶段的研究重点和发展趋势,内容新颖,学术水平高,信息量大,涉及的专业内容集中,可靠性高,及时性强,出版发行方式灵活(出版形式不确定,信息载体形式多样,出版不规律,印刷数量少),收集困难大。因此,会议文献在目前的十大科技信息源中的利用率仅次于科技期刊。[1]

---

[1]唐圣琴.现代文献信息资源检索[M].贵阳:贵州大学出版社,2017.

二、国内会议文献检索

(一) CNKI 中国重要会议论文全文数据库

1. 概况

CNKI中国重要会议论文全文数据库是中国知网的会议论文数据库,重点收录1999年以来(部分重点会议文献回溯至1953年)中国科学技术协会及国家二级以上学会、协会、研究会、科研院所、政府举办的重要学术会议、高校重要学术会议、在国内召开的国际会议上发表的文献。其中,全国性会议文献超过总量的80%。目前,已收录出版的国内外学术会议论文集23162本,累积文献总量2158116篇。产品分为十大专辑:基础科学、工程科技、工程科技、农业科技、医药卫生科技、哲学与人文科学、社会科学Ⅰ、社会科学Ⅱ、信息科技、经济与管理科学。十大专辑又分为168个专题,数据每日更新。

2. 检索方法

系统提供了快速检索、高级检索、专业检索、作者发文检索、科研基金检索、句子检索、来源会议检索方式,还有学科领域分类导航、会议导航、论文集导航、主办单位导航等浏览检索。

(1) 选择学科领域

默认全部学科领域,也可根据课题需要,选择特定的一个或多个专辑,在一个或多个专题范围内检索。设置检索控制条件,包括会议时间、更新时间、会议名称、会议级别、支持基金、论文集类型、作者、第一作者、作者单位等。默认全部范围内检索。设置内容检索条件。检索字段有主题、篇名、关键词、摘要、全文、会议集名称、中图分类号、参考文献等。"+"按钮可用来增加检索式,多条检索式可进行组配检索。单击"检索"按钮,显示检索结果。

(2) 检索举例

某医师从事高血压的研究,欲了解国内本学科最新研究进展,如何满足该医师的需求?进入中国知网主页后,选择"中国重要会议论文全文数据库"。在高级检索界面限定会议时间,会议级别选择"全国"。

3. 检索结果管理

检索结果显示方式:有摘要显示、列表显示两种方式,每页记录数有

10、20、50三个选项。

分组浏览:可按学科类别、会议论文集、主办单位、研究资助基金、研究层次、文献作者、作者单位关键词、发表年度分组浏览。

排序:可按会议召开时间、相关度、被引频次、下载频次进行排序。

结果存盘:结果存盘方法与中国优秀博士、硕士学位论文全文数据库的存盘方法相同。

(二)万方中国学术会议论文全文数据库

1. 概述

中国学术会议论文全文数据库是国内具有权威性的学术会议论文全文数据库之一,收录了1985年至今的国家一级学会在国内组织召开的全国性学术会议,是目前国内收录会议数量最多、学科覆盖最广的数据库,是掌握国内学术会议动态必不可少的权威资源。收录内容覆盖自然科学、工程技术、农林、医学等各个领域。

2. 检索方法

系统提供简单检索、高级检索、专业检索、学术会议分类浏览、会议主办单位浏览检索等方式。检索方法是根据课题需求,选择查询字段,输入检索词,设定论文发表时间,设定结果排序方式,每页显示记录数,单击"检索"按钮。可选字段包括论文标题、作者、会议名称、摘要、关键词、全文、主办单位。排序方式包括相关度优先、经典论文优先、最新论文优先。

检索结果管理。检索结果显示页面,每页显示10条记录,每条记录包括论文题名、作者、时间、会议论文集名、摘要、关键词等信息。可按照年份分组浏览结果。

(三)NSTL会议论文数据库

NSTL会议论文数据库由国家科技图书文献中心(NSTL)提供,包括中国会议论文数据库和外文会议论文库。中国会议论文数据库收录了1985年以来我国国家级学会、协会、研究会及各省、部委等组织召开的全国性学术会议论文。数据库的收藏重点为自然科学各专业领域,每年涉及600余个重要的学术会议,每年增加论文4万余篇,每季或每月更新。外文会议论文数据库主要收录了1985年以来世界各主要学会、协会、出版机构出版的学术会议论文,部分文献有少量回溯。学科范围涉及工程技术和自然科学各专业领域。每年增加论文20余万篇,每周更新。免费检索时可查看会议论文的文摘,获取全文文献须付费或进行原文传递。

(四)读秀会议论文频道

读秀会议论文频道收录了国内外各种会议论文,用户可以分别进行检索并获得文献的题录信息。该数据库所提供的会议文献检索途径有标题、作者、关键词、会议名称和全字段五个选择,论文信息也非常简单,无内容摘要。外文提供了论文标题、作者、会议信息、会议地点、会议时间信息,中文则只有论文标题、作者、会议名称和会议录名信息。但这些信息对辨别特定论文是足够的。数据库提供了文献传递功能,方便用户获取部分论文全文。较之于其他检索会议文献的数据库,读秀数据库中有大量境外国际会议的文献信息。

三、国外会议文献检索

(一)Web of Science 的 CPCI

CPCI 为文摘索引型数据库,汇集了世界上最新出版的会议资料,提供1990年以来重要会议、讨论会、研讨会等会议论文的文摘、出版信息、相关会议信息等内容,同时还收录了1999年至今的文后参考文献。参考文献类型包括图书、期刊、科技报告、出版商或学会出版的连续出版物、预印本、国际会议录等。会议论文内容涉及自然科学、社会科学艺术与人文科学的各个领域,数据每周更新。

(二)国家科技图书文献中心外文会议论文库

该数据库主要收录了1985年以来世界各主要学协会、出版机构出版的学术会议论文,部分文献有少量回溯。学科范围涉及工程技术和自然科学各专业领域。目前,会议论文量达4963007篇,每年增加论文20余万篇,每周更新。免费检索可看到会议文摘,获取全文文献须付费或原文传递。

四、会议信息检索

参加学术会议有助于促进学术交流,共享科研成果,掌握专业发展动态,为进一步的专业研究和学术交流积累信息。及时获悉学术会议信息,获取学术会议召开的时间、地点、主题和会议征文通知等内容,是撰写学术会议论文、参加学术会议的指南。

随着互联网的产生与迅猛发展,网络为获取文献信息提供了新的方式。目前,在互联网上检索各种会议信息都十分方便、快捷,可通过搜索引擎和专业网站来获取会议信息。

(一)通过搜索引擎检索会议信息

可以在雅虎、谷歌、百度、搜狐、新浪等搜索引擎的检索框内输入会议的关键词,对不同专业的会议信息进行搜索。英文会议可使用 meeting、proceeding、symposium、proseminar 等。还可使用高级检索,高级检索结果会更加符合需要。

另外,也可以利用分类目录检索。单击各搜索引擎如搜狐或雅虎的 Health(卫生与健康)类目下的 Conferences(会议与展览)类目,逐层展开检索,可获取到会议的中英文信息。但这类常规网络检索工具检索的信息较分散。

(二)通过专业网站检索会议信息

通常来说,专业网站报道会议预报信息较全面、系统、及时,只要及时跟踪就可以及时了解各种会议信息及会议文献内容,列举如下。

1.中国学术会议在线

中国学术会议在线是经教育部批准,由教育部科技发展中心主办,面向广大科技人员的科学研究与学术交流信息的服务平台,有国内外学术会议预报、会议评述、报告视频、经验交流等内容,提供模糊检索、会议检索。视频检索。会议论文摘要检索等,或者按学科分类查询相关专业的学术会议。查询结果包括会议所属学科、会议名称、会期、会址、论文拟被收录情况、论文摘要截止时间等,记录的详细信息还有会议主办单位、协办单位、承办单位、会议主席、组委会、嘉宾、全文截稿日期、联系人、联系电话、会议注册费、会议网站、会议背景介绍、征文范围及要求、会议视频等。

2.医学会议在线

医学会议在线汇集了大量的国内外医学会议信息,数据每日更新。医学会议在线主页设有会议搜索。最新会议、近期会议,会议报道、会议微博、会议调研、管理会议等栏目,提供按科室归类会议信息的学科分类导航及会议信息的检索功能。用户可在首页的检索框中输入检索词,选择会议类型和会议地点等进行检索操作。网站还为注册会员提供发布会议信息、在线会议报名、在线提交会议论文等个性化服务。

第四章 图书馆文献资源检索与利用之数字图书馆的检索

第一节 数字图书馆概述

一、数字图书馆的特点和服务

（一）数字图书馆的特点

1.虚拟性

各种载体的数字化转换与藏取，使虚拟性成为数字图书馆的最大特点。各种文献载体将被数字化，包括各种印刷型文本（古籍、善本）、地图、缩微资料、视听资料和动画片，电影片等。在数字图书馆中，将以多媒体数据为主。

2.重复性

组织有效的访问和查询。数字图书馆的储存功能使图书馆资源重复使用而不会被消耗，并无磨损，使数字图书馆资源成为一种取之不尽的资源，而且能够保存和积累。同时数字图书馆资源使用者又成为数字图书馆资源提供者。数字图书馆储存着丰富、优质的资源，为人们长时间反复使用信息资源提供了可能。分布式管理是数字图书馆发展的高级阶段，它意味着在全球数字图书馆遵循统一的访问协议之后，数字图书馆可以实现"联机检索"。全球数字图书馆将像现在的互联网连接网站一样，把全球的数字化资源联为一体，成为一个巨大的图书馆。通过有效的文本数据库查询技术和多媒体资料的查询技术，直接对图像，声音建立索引，可以按照颜色、形状、纹理在图像中的位置对图像进行查找。

3.替代性

数字图书馆可以代替人进行图书馆服务，即人机图书馆服务；可以代替或演示事物的反应与发展过程，使服务内容更生动、直观、形象、具体。

数字化图书馆大多采用客户机/服务器的模式,客户、图书馆服务器和对象服务器构成信息传递的核心结构。图书馆服务器主要管理数据的目录、索引和查询,而对象服务器用于管理数字化的对象(即各种类型载体的原文献)。海量数据的存储和管理显示了数字图书馆的规模与能力。

4.隐蔽性

多媒体网络为数字化图书馆提供了一个资料的传输环境。今后的国家信息基础设施(NI)和全球信息基础设施(CI)就是最好的环境。可以说,宽带综合业务数字网将成为多媒体通信的基本传输网络。数字图书馆通过现代网络信息技术提供给读者的是虚拟化的空间。网络的隐蔽性使人们处于时空的隔离状态,只要有网络设施,人们就可以在任何地点,任何时间通过网络浏览数字图书馆看自己想看的东西,且很难被人察觉,这有利于保护个人隐私,也有利于个体的发展。

5.开放性

开放性是指数字图书馆向任何人在任何地点、任何时候,以任何内容、任何方式提供学习机会。数字图书馆具有一般计算机网络系统的管理功能,要重视各种类型用户的权限管理,更重要的是用适当的技术确保版权人的资源不被滥用。开放性使读者在使用数字图书馆时更具有自由性、灵活性、针对性和适应性;开放性也有利于人们思想价值观念的开放,使人们的视野更为开阔,思维方式更具有全局性和整体性。

6.平等性

数字图书馆的隐蔽性使人的身份隐蔽,人面对数字图书馆都是平等的。不论你是教授还是中小学生,你的使用权都是一样的。数字图书馆使以往的图书馆服务模式发生了深刻的、根本的变化,世界性的图书馆服务已成为一种现实,图书馆服务也由单向性向交互式转变。

(二)数字图书馆的服务项目

1.网上书目查询

通过网上书目查询,读者可以在任何地方用连接互联网的计算机对图书馆的目录进行查询,从而获知文献资源的书目信息和馆藏情况。网上数据库:网上数据库是数字图书馆的主体部分。随着科学技术的发展,几乎所有的文献信息都可以成为数据库的一部分,放在网上为人们提供服务。它包括网上全文电子期刊、网上电子图书、网上专利文献、网上科技报告等。这些数据库有的可以免费使用,有的通过收费限制使用。

2.网上咨询

网上咨询是近几年发展较快的图书馆服务之一。它主要通过电子邮件、公告栏和网上聊天软件等为读者提供咨询服务。这些服务使读者免受时间、空间的限制,通过互联网及时获得图书馆工作人员的服务和帮助。

3.RSS服务

RSS服务又称聚合内容,是一种描述和同步网络的格式。用户下载和安装一个RSS阅读器,就可以从网站提供的RSS目录列表中订阅自己感兴趣的内容。订阅后,用户打开RSS阅读器就可立即获得最新的信息。图书馆利用RSS服务,及时把图书馆的最新信息,例如,图书馆公告、新书通报等,发送给需要的读者。

4.Metlib/SFX

Metlib/SFX又称学术资源门户,是数字图书馆最新的服务项目之一。学术资源门户可以使读者利用统一平台,实现跨数据库检索。同时,它为读者提供多种个性化服务(包括我的数据库、我的期刊、个人检索、个人提示等服务)。[1]

二、数字图书馆的产生和发展

(一)数字图书馆的产生背景

图书馆的发展和演变离不开内部环境的驱动力和社会环境的推动力。内部环境主要是指社会对图书馆的需求产生的驱动力,促使其改变传统图书馆的服务环境,实现图书馆的数字化和自动化;社会环境的变化主要包括社会经济结构、信息技术结构。文化结构的变动,进而推动图书馆的发展和演化。数字图书馆产生与发展主要源于两种力量的推动:一是图书馆自身在现代技术条件下资源共享的内在要求;二是计算机互联网络的发展对数字信息进行有序化、结构化组织的要求。

数字图书馆产生的内在因素。数字图书馆产生的内在因素之一是印刷型文献的保存问题。传统印刷型文献存在变质和自然老化等弱点,加上各种自然的灾害和人为的损害,印刷型文献面临危机和损失,必须利用

---

[1]翟夕冉.数字图书馆中作品合理使用问题研究[D].郑州:中原工学院,2020.

现代技术将图书馆保存的书刊资料进行数字化。数字图书馆产生的内在因素之二是文献信息的利用问题。图书馆存在的目的是为用户服务,但长期以来信息服务的层次较低,手段落后,图书馆必须实现数字化才能使信息传递更快捷、更方便,服务内容更具时效性和针对性,以满足社会化需求。

数字图书馆产生的外在因素。第一个原因是文献信息资源的剧增。20世纪90年代以来,出版物的数量在不断增长,各种数据库的数量也在迅速增加,容量不断扩大,种类也趋于多样化。光盘出版物作为单独发行的电子信息资源的主流,内容丰富,种类繁多,具有多媒体功能。但这些信息利用效率不高,重复严重,因此有必要利用现代信息技术进行管理。

第二个原因是信息高速公路的建设和互联网的发展。20世纪70年代,图书馆逐步利用计算机进行日常管理。20世纪80年代末,图书馆自动化系统逐步得到了应用。这大大提高了图书馆的工作效率,但由于受地域的影响其资源的利用范围很小,在资源共享、远程检索等方面还存在许多问题。随着网络通信技术的不断发展,数字图书馆就应运而生了。高速的数字通信网络是数字图书馆的存在基础,只有网络进一步发展,才能发挥数字图书馆的作用。分布式管理是数字图书馆发展的高级阶段,它意味着通过互联网可以把全球的数字化资源连为一体。

第三个原因是数字化技术的发展。图书馆数字化技术发展的直接动因主要有两个:一是信息载体的数字化;二是信息传播的网络化。数字技术是实现数字图书馆的支撑技术,信息要在网络上传输,必须先把各种形式的信息数字化,并加以编辑、加工、组织、存储,再运用数字传输技术加以传递,并在需要时将这些数字化信息再还原。数字技术化包括以下几种:第一,信息存储技术。近年来,随着存储技术的发展、在扩大硬件容量的同时,充分发挥软件的潜力存储的能力越来越高。第二,数据库技术。数字图书馆的庞大数字化信息经过规范化处理后,需要以数据库的形式存储起来且需要采用数据压缩技术、多媒体同步技术、多媒体智能技术等来解决数据库技术问题,使数据库技术日趋成熟。第三,信息传输与通信技术。数字图书馆要通过网络通信技术把各地的海量信息聚集起来,提供给用户使用。就必须加强信息资源的管理和引导服务,把大量的网上资源加以组织,以增加信息服务的选择性和针对性,近年来,网络设施发展越来越普及,为数字图书馆的发展提供了环境。

数字图书馆发展的社会背景数字图书馆是社会信息化发展的必然产物。在现代社会中,信息资源成为战略资源,信息产业发展迅速,为图书馆发展提供良好的机遇。数字图书馆实际上就是伴随着网络迅速发展而产生的,它体现了数字化社会对信息共享和信息开放的根本要求,是社会信息化发展的必然产物。数字图书馆建设使人类社会信息资源的共享达到一定的高度,为文化传播打开新的大门。如同工业经济离不开交通和能源一样,数字图书馆也是高科技和经济的基础设施和必要条件,数字图书馆所收藏的各类信息在知识经济的整个过程中都是必不可少的。数字图书馆凭借高新技术可以快速地传播文化知识,从而不断推动全民族文化素质的不断提高,促进社会的进步和发展。

数字图书馆是评价一个国家信息基础水平的重要标志。自从1993年美国国会图书馆与互联网连接,宣布它将迈向数字化时代以来,世界各国开始把图书馆列入"信息高速公路"的重要组成部分,纷纷加强对数字图书馆的研究。1993年,美国提出"国家信息基础设施"(NII)行动计划,继而又提出建设"全球信息基础设施"(GII)的主张,将"信息高速公路"建设置于美国技术政策和产业政策的核心位置,在世界范围内引起了强烈反响。互联网的信息资源作为NII的五大要素(信息资源、信息设施、信息系统、信息网络、信息主体)之一,与具有大量信息源的数字图书馆关系密切,而且数字图书馆是NII的重要应用信息系统。一方面"信息高速公路"建设所需技术的要素奠定了数字图书馆建设的技术基础;另一方面,数字图书馆的目的之一是使用户能够通过网络联机存取图书馆的信息资源,互联网的推广和普及为数字图书馆提供了现实的网络环境。

数字图书馆是21世纪全球文化竞争的焦点之一。在网络时代,谁最先掌握了技术和资源库,谁就掌握了先机。数字信息资源网上交流具有先天的优势,它拥有一个非常庞大的潜在的受众群体。这种竞争既是科学技术的竞争,也是文化和意识形态的竞争,更是知识经济时代的市场竞争。因此,大力加强建设数字图书馆,其意义和影响将是深远的,它是参与国际竞争的坚实文化保障系统,而且为国家创新体系的建立提供了充足的信息流通环境。中国数字图书馆在激烈的网络文化竞争中,为弘扬中华民族优秀文化,抢占互联网上中文信息资源的制高点,将中国文化推向世界发挥着积极的推动作用。建设数字图书馆工程对力争在未来的全球性竞争中取得主动权具有重要的社会和经济意义。

数字图书馆建设有利于带动相关行业的发展。数字图书馆工程不仅是高科技的项目,也是跨部门、跨行业的大文化工程。在1995年美国政府蓝皮书中,数字图书馆被认为是"国家级挑战",被置于国家信息基础设施的高度上通盘考虑。这种政策上的倾斜引起了美国科学界、产业界的高度重视,也带动了许多行业在资金上的投入。数字图书馆工程的启动必将带动相关产业,特别是信息产业和文化产业的蓬勃发展并通过知识的有效传播,最终关联到各行各业,从而产生巨大的经济效益和社会效益。

(二)数字图书馆的产生和发展过程

数字图书馆就是对有价值的文本、图像、语音、影像、软件和科学数据等多媒体信息进行收集、组织规范性的加工、高质量保存和管理、实施知识增值。并提供在广域网上高速横向跨库连接的电子存取服务。它的特点是:收藏数字化、操作电脑化、传递网络化、资源共享化和结构连接化。

数字图书馆的形成过程主要包括以下几方面:第一,文献资源数字化。数字图书馆的资源都是数字化的信息。将现有的文献资源数字化,是建设数字图书馆必不可少的一步。第二,数字资源的集成。它是指利用信息组织和集成手段对数字化后的各种资源进行整合。第三,数字资源的共享。数字资源的互联和共享主要是指通过互联网使各个图书馆之间实现资源共享,也使读者能通过互联网等访问各种数字资源。数字图书馆的发展大致经历了如下几个阶段。

早期的数字化技术和概念探索阶段。数字图书馆的构想最早可以追溯到1945年,其中较早而影响最大的是美国著名的科学技术管理学家布什。1945年1月,布什在《大西洋月刊》上发表了《诚如我们想象的那样》。文中他首次提出将传统的图书馆馆藏文献的储存、查找机制与当时刚刚问世的计算机结合起来。构思并描述了所设想的一种扩展存储器装备机械化的个人文档与图书馆,即台式个人文献工作系统,该系统能存储他所有的书、记录及通信的装置。

Memex装置运用计算和缩微技术实现文件的相关链接,其实它是一个个人信息检索系统,是被公认的计算机辅助检索的先驱。这一构想的提出被视作包括今天的数字图书馆在内的图书情报学理论与实践的发端,

Memex 被视作情报系统的超文本技术的前身。Bush 观点的重要之处不在于他所称的"机械和装置",而是他的两个构想:首先必须有能及时得到所需信息的设备;是读者自己就能检索这些信息。可见 Memex 对个人用户的信息存取来说是一种理想的模型。文本储存和检索技术是数字图书馆得以实现的两大技术,而现代意义的储存检索系统,是在计算机技术不断提高的前提下才得以实现的。从 1965 年到 1973 年,美国麻省理工学院进行了计算机辅助标引实验,建立了 Intrex 数据库,将文章储存在缩微胶片上,利用联机储存目录和索引进行检索。1969 年,桑迪亚国家实验室开发出有关科技文献的全文储存和检索系统。储存电子图文的技术引起图书馆界及其他行业的注意,预示了一个新的信息储存方式的到来。1969 年,美国国会图书馆正式发行,机读目录,这是图书馆进入自动化的标志。

1975 年,美国图书馆学家克里斯汀出版了 Electronic Library Bibliographic Databases:1975~1976 一书,首次提到了"Electronic Library"这个名词。到了 20 世纪 70 年代中期,美国出现了许多用于图书馆储存、标引、检索的软件,其中较有名的是 IBM 的 STAIRS 储存检索系统。1978 年,美国著名图书馆学家兰卡斯特出版了《通向无纸社会的情报系统》和《电子时代的图书馆与图书馆员》两部著作,论述了电子图书馆的前景。1982 年,美国国会图书馆开始研究用光盘储存馆藏,这是文献数字化的前奏。

美国人道林首次对电子图书馆这一概念给出明确定义,他在 1984 年出版的《电子图书馆:前景与进程》一书中写道:"电子图书馆是一个提供存取信息的最大可能性并使用电子技术增加和管理信息资源的机构。" 1988 年,美国国家自然科学基金会的伍尔夫撰写的《国际合作白皮书》提出数字化图书馆的概念。1989 年,吉比与伊文斯在《网络就是图书馆》一文中指出:"理想的电子图书馆并非一个存储一切信息的单个实体。它通过网络提供系列化的收藏和服务。" 1992 年,大英图书馆外借部计算机与数据通信工作组负责人哈利把虚拟图书馆定义为"利用电子网络远程获取信息与知识的一种方式"。

由此可见,20 世纪 80 年代末至 20 世纪 90 年代初,计算机通信技术的发展为更大规模信息系统的开发提供了广大的空间,许多研究者从多方位的角度进行研究,对数字图书馆的设想更加具体化,"电子图书馆""虚拟图书馆""无墙图书馆"等概念纷纷提出来。电子图书馆是数字图书馆的早期提法,它反映了所应用技术的特点;虚拟图书馆则强调了网上数字化资源,而未突出图书馆的数字化特点;无墙图书馆突出了利用范围和效果。数字图书馆较准确地反映了问题的本质,揭示了信息存取形式的基本特征及有关内涵;数字图书馆的主要特征是信息资源数字化、信息传递网络化、信息资源管理分布化、信息资源共享化。

图书馆自动化管理系统的研究。早在20世纪80年代,美国一些大学和知名公司开始研制开发大型的图书馆自动化管理系统。IBM电脑公司合作开发出图书馆管理系统。用电子图文和多媒体技术处理说明研究资料,并开发出四种应用模型,其中一个系统还可以把乐谱数字化储存。1988年年底,美国国家自然科学基金会就发起了"水星计划",该计划的主要目标是利用现代技术建立一个规模较大的电子图:书馆演示模型,内容还包括各种文献载体数字化和信息服务研究、版权问题、电子图书馆投资等问题。

1989年,卡内基梅隆大学开始进行电子图书馆研究,作为图书馆自动化的一部分,其项目目标是建立一个电子传输全文系统。同时,康泰尔大学、化学文摘社、联机计算机图书馆中心(OCLC)等机构也在着手建立"化学联机检索实验(CORE)"。CORE数据库使用电子图像和嵌入标准通用标识语言(SGML)的ASCII文本储存字符文件、图像、化学结构、公式和插图。1991年,伊利诺斯技术学院的国际关系图书馆开始进行电子文献储存项目,以便储存国际关系和商业活动方面的资料,后来该图书馆成为联合国和欧共体出版物指定储存单位。1993年,哥伦比亚大学开始了"两面神计划",提供联机检索法律文献,文献以字符形式储存,以便进行全文检索。1993年,贝尔实验室、旧金山加州大学合作研究电子期刊传播系统,使加州大学的师生能检索、显示和打印电子期刊文章的全文图像。

数字图书馆研究计划的启动。1994年,美国国家自然科学基金会联合其他单位正式实施"数字图书馆创始计划",这个计划的主要目标是"使收集、存储和组织数字化信息的技术手段得到较大提高,并使数字化信息通过网络被查询、检索和处理,且有一个统一的用户友好界面"。其后的"美国记忆"包括美国国家数字图书馆规划以及在此规划基础上美国国会图书馆斥巨资进行的图片资料数字化、IBM公司发起的数字图书馆研究倡议、若干大学提出的数字图书馆计划等。

英国、日本、新加坡以及欧洲的一批大学也纷纷开始了联合开发数字图书馆的项目。美国于1993年通过了《电子图书馆法案》，其目的是利用"公共图书馆、电子数据库以及像互联网和其他对公众开放网络的远程通信系统"，并且"提供由稳固可靠的电脑程序所支持的搜索和检索服务，包括智能查询工具、搜索策略规划辅助、引导用户并利用电子图书馆资源提供教育和培训课程的机制，但不仅限于此"。

为了保持和增强美国在国际上的竞争力，美国总统和副总统在若干次声明中也呼吁建立数字图书馆，在1993年2月就做了题为《为美国带来经济增长的技术—增强经济实力新方向》的报告。联邦政府对数字图书馆的认识保证了相关研究的资金来源。除了由联邦机构发起的研究计划，还出现了许多地区性数字图书馆项目，例如，数字图书馆联合大会，作为数字图书馆界的大型会议每年召开一次；召开了许多专题研讨会，如1996年2月在加州大学洛杉矶分校召开了由美国国家自然科学基金和加州大学洛杉矶分校共同主办的"数字图书馆社会层面研讨会"；出版了数字图书馆杂志《数字化图书馆》，这是关于数字图书馆创新与研究的月刊，第一期于1995年7月出版；还有其他一些有关数字图书馆的刊物，如德国施普林格出版社出版了《国际数字图书馆杂志》；学术或专业期刊的数字图书馆特刊，《美国信息科学会刊》和《美国电气与电子工程师学会计算机学会杂志》等都有数字图书馆研究的相关特刊出版。

数字图书馆的建设与利用。20世纪末以来，世界各国的数字图书馆建设有了较大的发展，许多已经投入实际的应用。这一时期研究的重点也不再单纯地局限于技术，而是把研究范围扩展到更宽广的领域，如研究数字图书馆的经济、社会、法律、政策框架，制定信息共享格式与国际标准，数字图书馆网站的可靠性和稳定性，经济因素和商品化等。

第二节 图书馆OPAC系统的检索

一、图书馆OPAC系统

OPAC，即公共联机书目查询系统。它是反映图书馆各种文献入藏情况的书目数据库,是目前国内外图书馆书目网上查询的通用模式。它还是利用计算机终端查询基于图书馆局域网内的馆藏数据资源的一种现代化检索方式。OPAC 主要供公共用户使用,支持布尔逻辑组合的复杂检索,并提供多种检索限制,具有用户界面友好、采用中文切分机制等特点。数据库记录的字段一般有:文献索取号、文献名称(如书名、期刊名称)、责任者、主题词、ISBN/ISSN、收藏地点等,其中收藏地点和文献索取号是借阅文献的重要依据。随着互联网的发展,许多图书馆都已经将自己的 OPAC 服务向整个网络发布了。

OPAC 检索机是读者检索书目信息、预约和续借图书、了解图书馆馆藏信息的主要设备,也是读者查阅借阅信息、数据库检索和在线浏览的设备。只有保养并维护好 OPAC 检索机,才能为读者提供良好的查阅条件,充分了解和利用图书馆的信息资源。

目前高校图书馆 OPAC 检索机基本上都是以 Web 形式向读者提供检索服务的无人管理模式。图书馆每天使用 OPAC 检索机的读者众多,由于读者计算机水平参差不齐,且目前普遍选用 WindowsXP 作为工作站操作系统,WindowsXP 操作系统的开放性和易操作性使读者可以按照自己的喜好来设置计算机的软件系统及系统配置,所以通常读者一次不经意的误操作或稍有经验读者的一次攻击尝试等操作就可能造成工作站操作系统瘫痪或崩溃。这不仅在一定程度上影响了读者的使用,同时也加重了管理人员的工作强度和管理难度,所以必须采用技术手段加强管理。技术控制是预防读者违规操作的最有效的方法,也是确保设备保持良好运行状态的基础。

尽管 OPAC 检索机一般都装有硬盘保护卡,不论读者如何操作,重启仍能恢复原来的设置,但由于无人看管,为防止硬件丢失和热拔插操作,主机都锁在机柜里,再加上分布零散,每天开机、关机、重启等都极为不便。笔者根据自身工作实践,摸索出一种行之有效的简单方法,即利用注册表、BIOS 和其他一些简单操作来实现对 OPAC 检索机的控制,实现自动定时开关机、限制破坏和非应用操作的自动化管理。

OPAC 作为图书馆计算机集成管理系统的核心组成部分,集中体现了图书馆文献组织的成果。它不但是图书馆开展各项工作的基础和前提,同时也是现代图书馆向读者提供馆藏书目查询最重要的途径和网络服务项目之一。它的检索功能是否强大,显示的内容是否全面,很大程度上影响到用户对图书馆的评价和馆藏资源的利用率和保障率。但是,读者通过OPAC进行馆藏资源查询时,检索效果却通常不尽如人意,不是检索出大量无关结果,让人难以选择;就是返还结果为"零",让人十分沮丧和失望。造成误检、漏检的结果有多方面的原因,如集成管理系统本身也存在一定的原因。本节则主要从MARC数据制作方面的问题来探讨造成误检、漏检的原因,这是导致书目数据库混乱和OPAC系统检索效率低的最主要原因。[1]

二、利用书目查询系统(OPAC)获取图书馆馆藏信息

OPAC的种类很多,从不同的角度可以有不同的分类方法。按收录文献的类型,OPAC可分为图书联合目录、期刊联合目录、会议文献联合目录等;按收录文献的语种,OPAC可分为中文图书查询系统、西文图书查询系统、中文期刊查询系统、西文期刊查询系统等;按反映文献入藏单位的多少,OPAC又可分为馆藏目录查询系统和联合目录查询系统。

(一)馆藏目录的查询

馆藏目录查询系统只反映某个特定图书馆的文献入藏情况,如国家图书馆联机公共目录馆藏查询系统、中国科学院文献信息中心联机公共目录、安徽省图书馆书目查询系统等。馆藏书刊的检索,实现了在Web方式下对图书馆数据库的实时访问,为读者提供了更方便、快捷的服务,可以从书刊题名、著者、中图分类号等多个检索点入手,查看某个图书馆图书、现刊、过刊的流通信息等。目前,还没有一套各馆通用的馆藏目录检索系统,各馆都是根据本馆的特点及实际需要来选择管理系统的。下面以国家图书馆的馆藏目录查询为例进行介绍。

进入中国国家图书馆主页,单击"馆藏目录检索"链接便可进入国家图书馆的联机公共目录馆藏查询系统。检索时,首先在页面中选择要查询的数据库,也可以默认所有数据库;然后在一个或多个查询框中输入一个或多个检索词,并选择检索的途径、匹配方式及逻辑关系等,还可以选择出版时间、入馆日期等;最后单击"检索"按钮,稍候会显示检索结果。

---

[1]牟燕. 新一代OPAC系统在高校图书馆中的应用研究[D]. 淄博:山东理工大学,2010.

(二)联合目录的查询

联合目录是共享书目资源的基础,联合目录查询系统反映多个文献信息服务机构文献的收藏情况,如安徽省公共图书馆联合目录、全国期刊联合目录、OCLC 的"World Cat"等。从联合目录的发展历史来看,它有两种模式:一种是传统的集中式联合目录,也就是将多个图书馆的数据汇集在一个数据库中;另一种则是模拟式虚拟联合目录。所谓虚拟联合目录就是指每一个书目数据库都是相对独立的,只是在用户检索时将它们视为一个整体,通过一个通用界面同步并行检索书目数据库,然后将检索结果返回。联合目录在资源共享、馆际互借、合作编目及合作馆藏发展中具有十分重要的作用。

下面以中国高等教育文献保障系统(CALIS)的联合目录查询为例进行介绍。进入 OPAC 系统:在 CALIS 成员馆的主页上,选择"联合目录查询"便可进入联合目录公共检索系统。

选择检索途径:以简单检索为例,有全面检索、责任者、主题、分类号、所有标准号码、ISBN/ISSN 等途径,可以根据检索需求的已知线索,选择合适的检索途径。选定检索途径后,输入检索词,然后点击搜索按钮或直接回车。

查看检索结果:提交检索后,系统会在屏幕上显示命中记录的题名。单击所要查看的题名,即可显示该文献的书目信息馆藏地点等。记下馆藏地点、文献索取号及文献名称,便可联系复印、借阅、文献传递。

如果查询的文献不在馆内,单击检索结果页面上流通信息中的借阅者条码号,可了解借阅文献者的情况和借阅时间等信息。

第三节 中文数字图书馆的检索

数字图书馆是用数字技术处理和存储各种图文并茂文献的图书馆,实质上是一种多媒体制作的分布式信息系统。它把各种不同载体、不同地理位置的信息资源用数字技术存储,以便于跨越区域、面向对象的网络查询和传播。它涉及信息资源加工、存储、检索、传输和利用的全过程。通俗地说,数字图书馆就是虚拟的、没有围墙的图书馆,是基于网络环境下共建共享的可扩展的知识网络系统,是超大规模的、分布式的、便于使用的、没有时空限制的、可以实现跨库无缝连接与智能检索的知识中心。

一、中文数字图书馆举例

目前,超星数字图书馆、方正 Apabi 数字图书馆和书生数字图书馆是我国三大中文数字图书馆。

(一)超星数字图书馆

超星公司长期致力于纸质图文资料数字化技术开发与应用。目前,"超星数字图书馆"为世界最大的中文在线数字图书馆,提供大量的电子图书资源,其中包括文学、经济、计算机等50余大类,数百万册电子图书,500万篇论文,全文总量13亿余页,数据总量1000000GB,大量免费电子图书,超16万集的学术视频,拥有超过35万位授权作者,5300位名师,1000万注册用户,并且每天仍在不断地增加与更新。超星数字图书馆的服务形式主要是两种:一是单位用户购买;二是个人注册用户制。

(二)方正 Apabi 数字图书馆

方正 Apabi 数字图书馆是由北京北大方正电子有限公司于2000年12月创办,提供73000余种中国出版的电子新书,内容主要包括社会科学、计算机类和精品畅销书籍,学科涉及文学艺术、语言、历史、经济法律、政治、哲学、计算机等多个类别。另可检索30种年鉴(国际性年鉴、全国性年鉴、省直辖市年鉴、城市年鉴、区县年鉴)。第一次阅读方正 Apabi 电子书,需先下载并安装 Apabi Reader 如果以前安装过方正 Apabi 阅读器的用户不能正常阅读全文,则请重新下载并安装。下载并安装了 Apabi 阅读器的用户还需要进行注册,才能正常地阅读方正 Apabi 的电子图书。校园网上的用户一般采取"无密码用户"注册的方式,点击"注册",输入姓名和电子邮箱,完成后即可进行电子图书阅读。一年内一台计算机可以下载50本电子图书,每种电子图书提供5个复本供读者下载使用,在线阅读的时间限制为一个小时。

(三)书生数字图书馆

书生电子图书是由北京书生数字技术有限公司于2000年创办的,目前可提供超过17万种图书的全文在线阅读,图书内容涉及各学科领域,较侧重教材教参与考试类、文学艺术类、经济金融与工商管理类图书。阅读"书生之家"电子图书全文之前需按照说明安装书生阅读器。①

二、中文数字图书馆的检索

中文数字图书馆的检索方法基本类似,这里以超星数字图书馆为例进行介绍。超星数字图书馆的图书检索方法主要有分类检索和基本检索两种。

(一)检索方法

分类检索:超星数字图书馆将超星图书分为15个大类,他们分别是文学、计算机通信、工业技术、经济和管理、地理历史、教育、社会科学、语言文字、医学、数理化、文学艺术、哲学、自然科学、建设交通、综合。每个大类都有类目、次级类目,读者可以按照大类—类目—次级类目—书目的顺序浏览书目,从而找到自己所需的图书。

基本检索读者在输入框中直接输入书名、著者或关键词,就可以找到需要图书。如果在检索时规定图书所在的大类,就可提高检索结果的精确性。

(二)超星阅览器(SSReader)

超星阅览器是超星公司拥有自主知识产权的图书阅览器,是专门针对数字图书(pdg格式)的阅览、下载、打印、版权保护、计费而研究开发的。经过多年不断改进,SSReader现已发展到4.0版本,是国内外用户数量最多的专用图书阅览器之一。

超星数字图书馆的用户只有下载并安装超星阅览器,才能浏览超星数字图书馆的全文资源。通过超星阅览器,用户还可以浏览网页、在线注册、登录、订阅主题馆服务、升级软件、扫描资料、采集网络资源等。

1.超星阅览器的主界面

菜单栏:位于阅览器上方,它包括超星阅览器的所有功能,即文件、资源、书签、设置、注册、窗口、帮助。

功能标签:位于阅览器左面,功能包括资源、历史、交流、搜索、采集。

快捷工具栏:位于菜单栏的下方。它提供了书籍阅读、网页浏览、下载

---

①付跃安,黄晓斌.中文数字图书馆可用性现状与对策[J].图书馆理论与实践,2012(12):100-103.

监视、资源管理中一些常用功能的快捷按钮。

窗口：位于阅览器的中部，是阅览器的主体部分。比较常用的窗口有网页窗口、书籍阅读窗口、下载监视窗口、编辑窗口、资源窗口、历史窗口等。

窗口栏：位于阅览器的下方，用鼠标点击栏中的标签可以直接进入对应的窗口。

采集图标：将要采集的文档、文字、图片、链接拖到此图标处，就可用超星阅览器采集、编辑和制作 E-book。

2.超星阅览器的使用

设置：利用菜单栏中的"设置"选项可以对超星阅览器的所有功能进行设置。

书籍阅读：超星数字图书馆的全文书籍可以用三种方式来阅读，它们分别是"阅览器阅读""IE插件阅读""IE阅读"。在阅读图书的过程中，用户可以利用阅览器的菜单栏、快捷工具栏的按钮或者鼠标的右键，使用页面缩放、书签、标注、下载、文字识别等功能。

网页浏览：可以通过超星阅览器浏览互联网上的资源，功能相当于IE浏览器。

采集：利用采集功能，可以编辑和制作 E-book。

第四节 外文数字图书馆的检索

随着计算机技术、通信技术和网络技术的迅速发展，信息高速公路的建设与利用为大规模的信息系统图书馆系统的发展提供了环境和条件。目前，网络信息管理技术、数字化处理技术和数字式信息资源建设已成为国际竞争的焦点，各国都为此投入了相当的实力进行研究和开发。

数字图书馆是运用现代信息技术，对数字信息资源进行采集整理和储存，并向所有连接网络的用户提供服务的信息资源的管理模式。它将从根本上改变目前INTERNET上信息分散不便使用的现状。数字图书馆作为知识网络中组织知识内容和利用知识内容的内核模式，其开发与建设对传播知识具有重要作用。检索技术是数字图书馆的核心问题。

一、外文数字图书馆举例

(一)美星外文电子图书

美星外文数字图书馆是由北京亚美瑞德公司与赛尔网络共同开创的为高校提供外文阅览服务的一份崭新的教育成果,是迄今为止中国第一家原版引进外文图书的数字图书馆。该数字图书馆是集支持普遍存取、分布式管理和提供集成服务于一身的基于互联网和互联网环境下的数字图书馆系统平台。美国出版在线集团的产品,与国外各高校有合作关系。目前,它共有电子图书6000多册,其中英文图书5840余册,日文图书240余册,主要包括世界经典文学、哲学、世界史、人物传记、计算机、法律、政治等类。该数据库不需要特别的阅读器、使用AcroReader即可。

(二)NetLibrary电子图书数据库

NetLibrary电子图书覆盖几乎所有主题范畴,约80%的书籍是面向大学程度的读者,其余20%的书籍是面向中学图书馆的普通题材。大多数NetLibrary的电子图书内容新颖,近90%的电子图书是1990年后出版的。

(三)Ebrary电子图书数据库

Ebrary电子图书数据库整合了来自150多家学术、商业和专业出版商的2万多册权威图书和文献,覆盖了商业经济、计算机、技术工程、语言文学、社会科学、医学、历史、科技、哲学等主要科目的书籍种类,其中大部分内容是近三年最新出版的,一般每个月都新增几百种图书。目前,与Ebrary合作的主要出版社包括 the MeGraw-Hill Companies(麦格劳希尔公司)、Random House(兰登书屋)、Penguin Classics(企鹅经典)、Yale University Press(耶鲁大学出版社)、John Wiley & Sons(约翰威利父子)。

(四)EEBO(即早期英文图书在线)

EEBO是由密歇根大学、牛津大学和ProQuest Information and Learning公司合作开发,并于1999年推出的;是一个旨在再现1473~1700年英国及其殖民地所有纸本出版物以及这一时期世界上其他地区的纸本英文出版物的项目;是目前仍留存的早期英语世界227年(1473~1700年)全部资料的汇总。该数据库覆盖从历史、英语文学到音乐、美术、物理学、妇女问题研究等诸多领域,它的深度和广度为各学科领域的研究提供了广泛的基础。①

二、外文数字图书馆的检索

这里以美星外文数字图书馆为例进行介绍。美星外文数字图书馆在检索界面中提供两种检索方式:图书检索和外文图书分类浏览。在检索首页中还提供语音图书和新闻等。阅读图书前要先下载阅读器。

图书检索:图书检索提供图书书名、出版机构、作者、提要四种检索途径,在检索框内输入检索词,并同时选中某一种检索途径,即可进行检索。

外文图书分类浏览:外文图书分类浏览将外文图书分为World Literature Classics(世界经典文学)、Finance(财政金融)(世界史)(计算机)(经济学)(物传记)(环境保护)等大类。点击其中的某一大类,即可看到该大类下的全部图书。选择选中的图书,点击书名—全文阅读,即可看到图书的全文。

语音图书:收听语音图书首先要安装旎拟环境,然后可以下载并收听图书。

检索技术现状:当前,Internet上的信息检索模式是在交互的过程中进行浏览和自由词全文检索。自由词是指检索的关键词是由用户自由选择的,不受任何限制。客户端的浏览和全文查找分别是在服务器端的HTTP服务器和由WebCrawler等自动搜索软件产生的索引表的支持下完成的。面对网上巨大的信息量,目前的浏览方法费时费力,网络门户的分类索引并不解决根本问题。全文检索的自由词,也就是无控词,可能来自文献的标题、作者、文摘或全文;而用户所选择的词又有很大的随意性。这样的全文查找,其查准率之低是难以避免的,更不要说查找图像、声频视频等多媒体文档了。

造成这一问题的关键原因有三点:第一,自动搜索及索引软件只是进行关键词匹配,而信息检索需要的是概念匹配。第二,网上电子文献的无结构性。第三,当前网络上的电子文献以HTML为主,HTML基本上是无结构的,其主要功能是提供资源的超级链接。在传统的图书馆中,用户的文献查找过程是在图书馆员的协助下完成的,他们帮助用户确定准确的

---

①王旭.国内数字图书馆集成检索系统发展对策研究[D].湘潭:湘潭大学,2013.

检索词,选择查找的信息源。而现在的网络检索机制没有提供相应的支持。

结构检索:好的查找需要好的组织。所谓结构检索,就是首先在服务器端对信息进行良好的组织和结构化,将所有的信息文档按照统一的方式进行标识、存储和索引。在此基础上,利用文档中的结构化描述实现高精度的检索。

第五章 图书馆文献资源检索与利用之文献检索的元数据研究

第一节 元数据概述与面临的困难

元数据本是一个信息系统中的专用词汇,但其外延逐渐扩大,早期主要指网络资源的描述数据,用于网络信息资源的组织,其后逐步扩大到各种以数字形式存在的信息资源的描述数据。文献搜索的基础是对文献资源元数据进行获取和整合。因此需要重点论述与文献搜索相关的各种类型元数据标准和协议以及如何通过标准体系的框架和技术措施,实现文献元数据的控制。

一、数字文献大多采用企业标准,其文献元数据具有封闭性

在图书馆行业,元数据通常被定义为提供关于文献资源或数据的一种结构化数据,是用于计算机对文献资源的结构化描述。其作用是描述文献资源或数据本身的特征和属性,界定数字化信息的组织,具有定位、发现、证明、评估、选择等功能。简单地说,元数据是关于数据的数据,或关于数据的结构化数据。

将元数据外延再扩大,就更容易从宏观上理解元数据的重要性。图书馆文献目录也是传统方式的元数据描述,只是目录已经发展到信息处理阶段,但也可以理解为一种描述数据(一次文献)的数据(二次文献)。

所以从本质上而言,图书馆目录也是元数据,只不过采用了传统的处理方式,并已经发展成为计算机处理,也可以换句话说,元数据就是图书馆的数字目录。图书馆对于文献资源的揭示方法,基本上延续着这样的发展历史:书本式目录—卡片式目录—机读目录,核心是一样的,即描述文献的特征和属性,但是载体和技术方法不断地在发生变化,只不过在数字时代,这一变化过程是那么巨大和迅速。机器可读的目录是一个比较好的概念,可以包括缩微目录、MARC 书目标准、DC、XML 等,但已经成为书目标准的特定词汇,因此,现阶段将用于计算机描述图书馆文献资源的特征和属性以及信息的结构化组织、交互、存储等描述统称为文献元数据。

海量、实时的数字文献元数据收割和整理,传统文献资源和数字文献资源的元数据整合,是图书馆行业面临的两大难题,也是必须解决的两大难题。尤其是前者,因为传统文献资源已经有成熟的标准体系和工作流程,但数字文献元数据具有封闭性和多元化,是文献元数据研究的重点。研究数字文献的元数据及其标准,对于构建文献搜索具有至关重要的意义,只有通过这个方向的研究成果,才能制定科学的文献搜索的元数据存储规范,并进一步获取已知的各个数据库的文献元数据。与图书馆对于文献资源元数据输入、存储的严谨比较起来,各个数据库商对于文献目录的控制是封闭的,显得多元化,这就客观地提高了数字文献的元数据整合的难度。作为商业产品,首要考虑的肯定是利益问题,但是在方便图书馆利用和自身利益防护这个矛盾之间,双方探寻一个平衡点,将是今后双方进行协调的焦点。

图书馆知识管理理论:图书馆可以借鉴企业的管理方式,以期提升馆员的服务层次和服务质量来提高读者到馆率、馆藏的利用率,满足读者的知识需求。国内有关图书馆知识管理理论研究正在进行当中。有人认为图书馆知识管理就是应用知识管理理论与方法,合理配置和使用图书馆各种资源,充分地满足用户不断变化的信息与知识需求,并提升现代图书馆的各项职能和更好地发挥其作用的过程。另有人则认为图书馆知识管理是社会知识管理不可缺少的重要组成部分。各家的图书馆知识管理理论有关注知识集成管理,有关注人的作用和人的发展,同时也注重知识创新和信息技术。

可以理解图书馆知识管理是一种应用知识管理理论与方法,利用图书馆馆藏文献、信息资源转化为馆员个体的经验、技能、知识,通过管理技术平台在内部网进行积累、共享并向读者传递直接可以利用的知识,最终满足读者的知识需求的管理方式。图书馆知识管理作为一种崭新的管理方法,它的理论体系有待进一步研究与完善。

没有企业标准或流程规范,肯定无法完成产品的封装和持续的数据更新,由于缺乏统一的标准体系,故几乎都采用封闭的企业标准,作为用户的图书馆不得而知。通过各个数据库的网络服务系统,就会发现其元数据处理的复杂性,尤其是国内的数据库很少遵循相关的标准体系。

(一)较少采用通用的规范和标准

以书生之家为例,其将数字图书分为几个大类,例如,文学艺术,计算机和通信与互联网,经济金融与工商管理,语言文化教育体育,教材与考试,生活百科,少儿图书,综合性图书与工具书,法律,军事,政治外交,社会科学,哲学,历史地理,自然科学,农业科学,医药卫生,一般工业技术,冶金与金属,建筑、交通运输与环境等。这个分类体系中,有的是采用《中国图书馆图书分类法》,有的却不是,显然不符合图书馆工作的规范。而在其图书详细信息中,仅有书名、作者、开本、内容提要(很多图书还缺失),极其不规范。

(二)企业标准不透明

绝大多数数据库商所遵循的标准是不透明的,因此很难研究其标准体系。CNKI是唯一且最早正式对外发布标准体系的数据库商,2005年发布《CNKI系列数据库产品标准》,但之后也没有公开其不断修改的更新版本。该标准涵盖CNKI的系列数据库产品,如《中国学术期刊全文数据库》《中国优秀博硕士学位论文全文数据库》《中国重要会议论文全文数据库》《中国重要报纸全文数据库》等,标准的编制体系包括基本属性、产品用途、数据库内容、产品结构、基本功能与性能要求。还根据CNKI对产品质量和技术服务的依赖性,将"客户服务标准""产品质量保证措施"纳入标准体系。

重要的国内数据库商——万方数据则在其宣传资料中,提出基于知识获取五要素的事实型数据库的建设,对元数据进行查重、清洗,形成了围绕学科、主题、人物、机构、基金这些知识获取五要素的海量数据库,并基于海量科技文献信息进行知识挖掘和分析,进行科技评价,为科技创新提供辅助决策支持服务。从中可以看出其企业元数据处理标准较为规范,且对五个字段进行了严格的元数据质量控制。①

图书馆知识管理理论难以支持知识管理的实施。著名美国学者罗宾

---

①石捷元.元数据建设在数字图书馆业务中的应用[D].兰州:兰州理工大学,2018.

斯在他的管理学理论中阐述：认为管理概念普遍运用到世界上任何一个国家是危险的。借鉴他的管理理论思想，本人认为知识管理概念运用于企业管理是行之有效的。知识管理概念运用到图书馆暂时不合时宜，至少目前图书馆知识管理理论正在研究阶段，图书馆知识管理理论体系尚未有定论。理论界对图书馆知识管理理论的研究只是基础研究，注重理论上的探讨，缺乏深度和力度，实践方面的经验明显匮乏，鲜有成功实施知识管理的图书馆案例出现。图书馆知识管理似乎演变成令人憧憬而又难以触及的空中楼阁。也许图书馆知识管理理论过于理想化，也许图书馆需要通过完善管理来为知识管理的实施寻求适当的切入点。

图书馆现有的基础条件难以支持实施知识管理。图书馆的人力资源管理基本上是传统的人事管理。人事管理在一定程度上扼制了图书馆人才的发现、开发、利用。人事管理制度下图书馆缺乏一支高素质的图书馆队伍，缺乏有效的长期培训规划，岗位设置和人员结构不合理。新馆员缺乏图书馆专业知识、服务意识不强，更不用说工作经验。有些馆员没有权利和责任感，也不会发挥自觉性、能动性和创造性。馆员的应变能力没有机会表现、提高。馆员的精神激励、知识创新、服务创新意识并不受到重视。因此，现有的人力资源难以支持图书馆实施知识管理。

图书馆的馆内网、知识发现、知识共享系统却得不到有效保障，难以把文献资源变成知识传递给读者。图书馆的机构设置也不利于知识共享。各部门之间缺少沟通和联系协作，馆员之间工作交流都很少，更谈不上经验交流、知识交流。在学术交流时，有的馆员不愿意贡献自己的知识，有的馆员不愿意寻求别人的帮助。缺少技术力量的支持，图书馆的知识管理难以实行。缺乏创造性：馆员的应变能力没有机会表现、提高，馆员的精神激励、知识创新、服务创新意识并不受到重视。

现有的人力资源难以支持图书馆实施知识管理。图书馆的馆内网、知识发现、知识共享系统却得不到有效保障，难以把文献资源变成知识传递给读者。图书馆的机构设置也不利于知识共享。各部门之间缺少沟通和联系协作，馆员之间工作交流都很少，更谈不上经验交流、知识交流。在学术交流时，有的馆员不愿意贡献自己的知识，有的馆员不愿意寻求别人的帮助。缺少技术力量的支持，图书馆的知识管理难以实行。

二、数字文献部分提供 MARC 或标准接口

在国内数据库中,数字图书提供商均提供 ISO2709 格式的 MARC,供图书馆导入馆藏书目系统,或者单独建立数字图书的导航,国内期刊数据库均不提供元数据,也不开放元数据收割的接口。国外数据库多是出版集团提供的具有完全知识产权的全文数据库,通常采用 OpenURL 标准,定义全文资源的链接地址,如 EBSCO、Elsevier、ABI、IEEE 等,部分数据库支持 OAI 的收割协议。

第二节 元数据描述与存储的主要标准

元数据的描述与存储,包括计算机进行字符编码,以便计算机识别和存储各种文字的字符集,比如 ASCII、GB2312、BIG5、Uni-code,还包括标记电子文件使其具有结构性的可扩展标记语言 XML(Extensible Markup Language),用于系统记录数据、定义数据类型等,但这些都是信息技术领域通用的描述与存储标准,直接采用即可,图书馆则需要专用的文献元数据标准。

一、机读目录

机读目录(Machine-Readable Catalogue, MARC)是伴随着计算机在图书馆的应用而产生,缘起于美国国会图书馆。1961 年国会图书馆在年度报告中提出了建立图书馆自动化管理系统的设想,并确定以书目编制的自动化为发端;国会图书馆正式发布了《标准机器可读目录款式的建议》,这是世界上第一个实验性的 MARC 格式,经过两年多的实验和改进,升级到 MARC2 格式并正式投入使用。之后按照不同文献类型分别开发出连续出版物、地图、档案和手稿、计算机文档、乐谱、音像文献等多种版本。1977 年,IFLA 内容标识小组(IFLA Working Group on Content Designators,由 IFLA 编目部和信息技术部联合组成)根据国会图书馆的 MARC,制定并颁布《国际机读目录格式》(UNIMARC)第一版。

(一)CNMARC

中国机读目录的研制始于 20 世纪 70 年代。1979 年成立了全国信息

与文献标准化技术委员会,组建了北京市机读目录研制组;1982年中国标准总局公布了依据ISO2709制定的国家标准《文献目录信息交换用磁带格式》,为中文MARC格式的标准化奠定了基础;1987年正式开始中文机读目录的开发工作,1991年1月正式发行,机读目录。CNMARC是中国机读目录(China Machine-Readable Cata-logue)的缩写,是用于中国国家书目机构同其他国家书目机构以及中国国内文献收藏和服务机构之间,以标准的计算机可读形式交换书目信息,为我国机读目录实现标准化、与国际接轨等方面提供了保障。

CNMARC符合国际标准《文献目录信息交换用磁带记录格式》,在数据字段的设置上遵循《国际机读目录格式》(UNI-MARC),并针对中国出版物的特点和使用多字节汉字信息代码的特殊情况增加了相应的规定。其总体结构主要由三个部分组成,即记录标记、地址目次、数据字段,具体如下所述。

记录标记:固定为24个字符长,为记录处理提供一些基本参数。地址目次:由若干目次项组成。每个目次项,固定为12个字符长,包括字段标识号、字段长度和字段起始字符位置。数据字段区:由若干固定长和可变长的数据字段组成。除001字段由记录控制号和一个字段分割符组成外,其余每个字段都有两个指示符,后接若干子字段。每个子字段以一个子字段标识符开始,后接数据。每个字段都以一个字段分隔符结尾。

(二) MARC21

很显然MARC是一种非结构化的元数据标准,是计算机发展初期的产物,现在已越来越显现出技术和运行的缺点,如真正在利用的字段占很少的部分,规范性很难控制,各国的MARC种类繁多,应用门槛较高等,所以目前的图书馆自动化系统在处理中,都将其作为一种交换格式而存在,真正的书目数据通过关系型数据库进行录入、修改、存储、索引、检索等管理。MARC在数据存储格式的基础上,慢慢成为一种事实上的数据交换标准,不同的自动化管理系统通过将书目转换为MARC格式,用于Z39.50远程检索或者以其他方式交互,类似于在计算机文本处理中的ANSI编码和存储。但与此同时,数字文献大量涌现,网络资源也成为图书馆服务的一方面,MARC在这方面捉襟见肘,在这样的背景下,出现了MARC21。

MARC21结合了加拿大机读编目格式(CAN/MARC)与美国机读编目

格式(USMARC)两种相似格式,再排除相异性于1999年形成并实施,被誉为是21世纪的MARC,增进其检索功能以求适用于互联网环境,基于美国国家标准学会ANSI的国际标准Z39.2格式以整合各国的MARC标准,利用互联网与现有通信科技,使书目格式的交换更加便利。它是一种一体化格式,可用于描述、检索各种类型的文献,可以应用于规范、书目、分类、团体信息和馆藏数据的交换和表达。它有5种并列的标准格式:规范数据、书目数据、分类数据、团体信息和馆藏数据的MARC21格式,其记录包含3个元素:记录结构、内容标识、记录的数据内容。允许被用于具两个字节的MARC-8或Unicode的其中一种可变长度字符编码的UTF-8,MARC-8是基于ISO2022的格式,可用于希伯来文、阿拉伯文、希腊文及东亚字体。MARC21已成功地被应用于大英图书馆、美国国会图书馆及加拿大国家图书馆等。[1]

二、都柏林核心元数据集

图书馆面临MARC的更新换代,面临封闭复杂的多个数据库,因此在元数据标准的使用上出现了难题。一方面我们需要一套适用于基本涵盖目前可能处理到的文献类型的元数据标准;另一方面,我们可以要求数据库商,执行这个标准,或者提供遵循这个标准的交换数据或者程序接口。在这个需求的驱使下,国际上出现的比较有影响的元数据标准有CDWA、DC、EAD、FGDC、GILS、TEI、VRA等,其中Dublin Core Element Set(都柏林核心元素集,简称DC),以其结构简单、语意互通和可扩展等特性,成为国际范围内最为通用的信息资源描述的元数据标准。

(一)DC概况

都柏林核心(Dublin Core)元数据标准简称DC,由OCLC首创于1994年,因创始地在美国俄亥俄州(Ohio)的首府都柏林而得名。其维护机构为DCMI。DC元数据规范最基本的内容是包含15个元素的元数据集合,用以描述信息资源对象的语义信息,目前已成为IETF RFC2413、ISO15836、CEN/CWA13874、Z39.85、澳大利亚、丹麦、芬兰、英国等国际、国家标准。其元数据元素为以下几个方面。

名称:资源的名称,使资源众所周知的有代表性的正规名称。

---

[1]冯丹,曾令仿.信息存储技术专利数据分析[M].北京:知识产权出版社,2016.

创作、制作者:制作资源内容的主要责任实体,包括个人、组织或机构。

主题及关键词:资源内容的主题,用以描述资源主要内容的关键词语或分类号码表示的有代表性的主题词。

说明:有关资源内容的说明,可以包括但并不限于摘要、内容目次、内容图示或内容的文字说明。

出版者:制作资源有重要作用的责任实体,包括个人、组织或机构的出版者。

发行者:对资源内容负有发行责任的实体,包括个人、组织或机构。

时间:与资源使用期限相关的日期、时间类型;资源内容方面的特征或体裁,包括种类、功能、体裁或作品集成级别等描述性术语,推荐从可控词表中选用有关术语进行规范控制。

格式:资源物理或数字化的特有表示,可包括媒体类型或资源容量,也可用于限定资源显示或操作所需的软件、硬件或其他设备。

标识:依据有关规定分配给资源的标识性信息,推荐使用依据格式化标识系统规定的字符或号码标识资源,如正规标识系统包括统一资源标识(URI)、统一资源地址(URL)、数字对象标识(DOI)以及国际标准书号(IS-BN)、国际标准刊号(ISSN)等。

来源:可获取现存资源的有关信息,可从原资源整体或部分获得现有资源,推荐使用正规标识系统确定的字符或号码标引资源来源信息。

语言:资源知识内容使用的语种,推荐使用由RFC1766定义的语种代码,它由两位字符(源自ISO639)组成,随后可选用两字符的国家代码(源自ISO3166),如"en"表示英语,"zh"表示中文。

相关资源:对相关资源的参照,推荐用正规标识系统确定的字符或号码标引来源参照信息。

范围:资源内容的领域或范围,包括空间定位(地名或地理坐标),时代(年代、日期或日期范围)或权限范围。

版权:持有或拥有该资源权力的信息,通常包含智力知识内容所有权(IPR)、著作权和各种拥有权,如果缺少版权项,就意味着不考虑有关资源的上述版权和其他权力。

目前DC元数据已包括由一系列扩展元素、元素修饰词、编码体系修饰词、抽象模型、应用纲要等规范组成的标准体系,成为一般性资源描述特别是互联网语义信息描述的基础性规范,同时还在不断地发展、完善中。在实际应用中,DCMI推荐采用元数据应用纲要来规范元数据方案的编写格式,其主要内容是元数据属性元素使用方法的集合,包括一般属性元素、特殊属性元素、对属性元素进行取值约束的规定、应用规则的申明等。

(二)DC在中国

国内图书馆紧跟元数据的最新研究进展,1997年启动的我国第一个"中国国家试验型数字图书馆"项目,就对DC元数据进行了跟踪和引进。其他图书馆也在数字图书馆的建设过程中,拟订了自己的元数据方案,如国家图书馆和上海图书馆的古籍、拓片、方志元数据方案,中山图书馆和北京超星的数字式中文全文文献通用格式等,北京大学图书馆拟订《中文元数据标准框架方案》及其在该框架指导下设计的古籍、舆图等元数据方案,清华大学图书馆的建筑数字图书馆的元数据方案,重庆大学图书馆编制的12种文献元数据应用纲要。中国高等教育文献保障系统CALIS也按照DC规则制定了《专门数字对象拙述元数据规范》,颁布了11种文献的元数据标准:古籍、家谱、地方志、拓片、学位论文、期刊论文、会议论文、电子图书、音频资料、网络资源。

应用都严格遵循DC元数据集的规范。国内重要的标准建设进展是由科技部科技基础性工作专项资金重点项目资助,全国几十家单位参与的《我国数字图书馆标准与规范建设》项目(CDLS)的研究。其目标是制定中国的数字图书馆标准规范发展战略以及确定标准规范框架,制订数字图书馆核心标准规范体系,建立数字图书馆标准规范开放建设与开放应用机制,其中,基本数字对象元数据规范及在此基本规范基础上的多种专门数字对象元数据规范也都是基于DC的,相关的研究成果已经在网站上向社会公开或结集出版。

三、DOI和CALIS-OID

作为存储的规范,资源的唯一标识符在文献搜索平台的构建中具有极其重要的作用,因为在进行各类文献元数据的收割过程中,如果缺乏唯一性标识,就会使得元数据仓储有大量的重复数据,质量难以控制,也很难实现不同收藏单位的联合搜索,因为主题词、作者、著作名称等都很难做到唯一性。

(一) DOI

国外在数字图书馆的建设过程中,普遍重视文献资源的唯一标识问题,形成了一些应用在不同方向的唯一标识方案。例如,连续出版物及其单篇文献的唯一标识符 SICI 图书及图书内的内容片段(章节、前言、索引、段落)的唯一标识符 BICI 以及出版物件标识符 PII 等。其中,最成熟的是美国出版协会构建 DOI 数字对象唯一标识符,具有较为完整的 DOI 命名、申请、注册、变更等运行机制,解析系统也比较成熟,至今已拥有数千万个分配并解析的 DOI 号,全球有 8 个 DOI 注册代理机构和几百个使用单位,包括国外 Elsevier、IEEE、Blackwell、Springer 等大型出版商和数据库商。中国科学技术信息研究所和万方数据公司申请取得了 DOI 的中文注册权,同时成立中文 DOI 注册中心,是第一个国际 DOI 基金会组织下的中文代理。DOI 在标准的制订中就明确了 DOI 的主要特征和优势。

唯一性:DOI 作为数字化对象的识别符,作为对所标识数字对象的身份证号码,具有唯一性,以保证在互联网中对数字对象的准确提取,避免重复。

持久性:一个数字对象的 DOI 一经产生,永久不变,不能因为所标识的数字对象的存储地址、版权所有者等信息属性的变化而改变。

兼容性:DOI 的后缀可以包含任何已有的标识符,如 ISBN、ISSN、国际标准文本代码 ISTC、出版物件标识符 PII 等。

互操作:通过解析的方式,DOI 处理系统实现了与互联网上的不同软硬件平台在处理同一数字对象的数据时保持一致,也对不同版本的系统作了兼容性处理。

实时性:DOI 系统对文献元数据、应用和服务等功能,实现了动态更新。

DOI 的编码方案已经成为美国标准(ANSI/NISO Z39.84-2000)编码由两部分组成:前缀和后缀,中间用"/"分割。对前缀与后缀的字符长度没有任何限制所以理论上 DOI 编码体系的容量是无限的。DOI 前缀由目录代码和登记机构代码组成,所有 DOI 的目录都以"10"开头,对于想成为 DOI 体系的组织或单位都可以向 IDF 申请,其登记机构代码的分配简单灵活,如一个数据库商可以为其所有文献资源申请一个前缀,也可以为其数字图书、数字期刊各申请一个前缀。DOI后缀由登记机构分配并确保其唯一性,可以是任何字母数字码,编码方案由登记机构自己来规定,可以是一个不重复的随机码,或者是已有的规范码,如ISBN号或ISSN号。

(二)CALIS数字对象唯一标识符(CALIS-OID)

就目前而言,DOI的唯一标识符方案在管理、注册和解析方面是发展最为完善的,但在使用过程中,无论是为自己的资源申请DOI,还是申请成为代理,都需要缴纳不菲的会员费、注册费及维护费。因此,国内的一些机构或者学者提出自己构建数字对象的唯一标识符的方案和解析系统,其中较为成熟的是《CALIS数字对象唯一标识符本地解析规范》,拟订了CALIS数字对象唯一标识符(CALIS-OID)的编码方案和解析体系分中心级解析器(设在CALIS)与参建馆级的子解析器两个层次。

(三)文献搜索中的唯一标识的策略

在前面论述的两个方案中,DOI在国内的应用和推广尚需进一步普及,而CALIS具有项目建设的特点,CALIS-OID计划纳入其高校特色数据库的建设中推广和应用,但因为特色数据库建设还不够普及,因此这套统一标识符体系的使用并不广泛。

日本基于内容数字的唯一标识符cIDF,中国针对中文唯一标识符的LIPS DOI,都有效地解决了版权保护和信息资源的长期利用等问题,而中国还没有一套成熟的数字资源唯一标识系统,因此,暨南大学江波提出构建国内广泛运用的Open DOI注册解析系统和管理机制,整体推进数字信息资源基础设施建设,河北大学任瑞娟倡议研发我国自主的唯一标识符体系,并建立"中文内容唯一标识符"规范,从出版源头、在线支付中的版权转移、规模化与多元化经营、专家审稿与读者在线评论、内容加工、文献搜索等环节提供最基本的唯一标识体系等,但都是理论探讨和论证,其实践还值得进一步探索。

但是在文献搜索的构建中,又必须有唯一标识,否则难以持续。根据上面的论述,因文献搜索主要以单图书馆为核心,其构建的策略可以参考DOI后缀,其编码方案完全由登记机构自己来规定,可以是任何字母数字码,由不重复的随机码或者已有的规范码组成,如ISBN号或ISSN号。今后有了中国的唯一标识解析系统,再增加前面的编码规则,纳入整个解析体系。

四、OpenURL

DOI解决文献资源的唯一标识问题,那么OpenURL则解决文献资源在互联网上不同资源库的互操作和统一的链接地址问题,也就是通常所说的"开放链接"。作为互联网统一资源定位符,URL的使用过程中具有经常发生变化,指向单一,大量的静态URL无法方便维护等缺点,因此OpenURL采用与DOI类似的解析机制:链接服务器,将URL附带上元数据基本信息和资源上下文关系。

OpenURL最初是由比利时Ghent大学的萨姆堡尔及其同事提出,目的是将不同来源和不同通信协议的信息源及相关服务融合在一起,以实现不同类型、不同格式和异地分布信息资源的无缝连接。

第三节 元数据质量保障与输入和输出

一、元数据质量保障

元数据的质量保障一直是业界关注的重点,尤其是在构建文献搜索过程中,将面临海量的、多种类型的、多种数据格式的元数据,如果不能保证高质量的元数据,将直接影响搜索引擎的服务水平。传统图书馆行业通常通过编目的控制来保障书目元数据的质量,在当前的数字时代,业界再次推出RDA以适应时代的需求,但元数据质量保障是一个复杂的系统工程,在标准规范的基础上,还需要技术保障、业务流程规范化以及元数据馆员的水平提高等措施。

(一)从AACR2到RDA

AACR2是1978年由英国、美国图书馆协会、加拿大编目委员会、不列颠图书馆以及美国国会图书馆几家共同提出、编制出版的国际编目规则,以取代1967年编制的AACRI,经过1988年、1998年和2002年的三次重大修订,在传统文献的基础上,也大量增补了非图书资料和计算机文献的着录规则,以适应计算机文献和连续出版物的发展变化。AACR2作为国际性的通用编目规则,已经在包括中国在内的多个国家和地区广泛使用30多年,依据AACR2所编制的书目数据已达亿万条。但是AACR2从根本上是建立在传统纸质文献资源基础上,目标是编制卡片目录和当前计算机处理相去甚远,局限性越来越大,尽管在持续修订完善,但也使得相应的规则日趋复杂,已经严重不符合当前多种数字资源及其他非图书资料的描述和揭示的需要。在这种背景下,出现了RDA(资源描述与检索)。

RDA概述。RDA是建立在FRBR,《书目记录的功能需求》和FRAR,《规范记录的功能需求》规范下的新编目规则,其目标是成为适应数字时代图书馆书目控制的新标准。由RDA发展联合指导委员会负责起草,成员有美国图书馆协会、澳大利亚编目委员会、英国国家图书馆、加拿大编目委员会、皇家特许图书馆和情报专业学院(CILIP)、美国国会图书馆等图书馆和机构。

RDA记录能与AACR2记录兼容,还能兼容如MARC21、UNIMA-RC、XML、MODS、MARCXML及DublinCore、EAD、VRA、MPEG7、ONIX等多种标准数据格式,从这个层面上看,它的确对数字图书馆的建设具有足够的吸引力,毕竟目前图书馆面临的数据环境过于复杂,不仅如此,对于外部的互联网数据,RDA也提供了相应的编目指南。RDA的另一个进步是,更加关注质量控制后的元数据的最终利用,从用户使用的角度进行编目,承诺帮助用户查找、识别、选择与获取所需信息,以适用于对数字化资源的描述和便于对各种资源类型进行控制为目的,具备灵活性和适用性,效率性和连续性、简单容易理解和容易使用等优点。

RDA的结构与应用。RDA由总论和10个部分、37个章节以及13个附录所构成,每个章节既有总论又有分论。这10个部分分别是:载体表现和单册的属性;作品和内容表达的属性;个人、家庭、团体的属性;概念、对象、事件和地点的属性;作品、内容表达、载体表现和单册之间的主要关系;与资源相关联的个人、家庭和团体间的相互关系;主题的关系;作品、内容表达、载体表现、单册间的相互关系;个人、家庭和团体之间的相互关系;概念、对象、事件和地点之间的相互关系。最后的附录包含了以英语为著录语言及其他语言在大写、缩写、首冠词的选择上的习惯用法清单以及描述性数据的语法、检索点控制数据的语法等内容。

资源类型是构建文献搜索时最关心的问题,因为作为整合的元数据库,必须收割类型繁杂的文献类型。在这个方面,RDA较AACR2等着录规则进步很多,规定了三种资源类型,分别是媒介类型、内容类型和载体类型。媒介类型是载体类型的表现形式,两者对应于载体表现;内容类型是对应于内容表达,有了这三种类型的约束,搜索结果就可以进行相应的类型聚类。

尽管RDA已经有了很多的应用案例,但是很多图书馆对于RDA仍处于观望状态,毕竟全面推行RDA有很多现实的问题需要解决,如现阶段控制图书馆业务流程的管理系统,新数据与原有数据的转换、互操作问题等。当前构建文献搜索的过程中是否使用是一个值得权衡的问题。

(二)RDF

对传统图书的具体编目行为通常称为着录,而对于数字资源而言,则称为描述。RDA规定了图书馆各类文献的着录规则,而W3C的RDF则规定互联网的各类资源的描述框架,也就包括了通常使用的互联网元数据标准:都柏林核心元数据集。

RDF将资源的元数据描述成为通用的互联网数据模型,但仅涉及描述的规则和框架,并不规范描述的本身,因此能使得各种搜索引擎方便地引用,其基于语义的描述让搜索变得更为智能和准确。在这个具体的描述过程中,RDF使用Web标识符来标识事物,通过属性和属性值来描述资源。

在描述的语言中,语句可以对应于自然语言的语句,资源对应于自然语言中的主语,属性类型对应于谓语,属性值对应于宾语,因此在RDF术语中分别称其为主语、谓词、宾语,程序员能够轻松掌握,也有现成的工具软件。[①]

二、元数据的输入与输出

(一)Z39.50

在互联网出现后,Z39.50协议广泛应用于对传统文献的元数据的远程检索和传输,该协议严格基于ISO的开放系统互联参考模型的应用层协议。协议的编制起因是为了在美国国会图书馆、OCLC、美国研究图书馆集

[①] 蔡莉静. 图书馆网络化基础[M]. 北京:海洋出版社,2013.

团（RLG）等机构之间交换数据，最早于1988年推出，并于1992年和1995年推出了第二版和第三版，内容有了很大的充实，第三版于1998年成为ISO23950国际标准，最新的是2003年的第五版：Z39.50-2003。Z39.50的目的是信息系统的开放互联，由于各信息系统分别采用各自的数据库软件，数据的描述格式、访问方式等都各不相同，必须为各自数据库系统建立一个抽象、通用的用户视图，将各个系统的数据映像到抽象模型上，才能使不同的系统在一个相互理解的、标准的通信平台上进行交互，满足互操作的需要。

最初Z39.50采用了客户机/服务器的系统架构，定义了所提供的信息服务和应用层数据包格式两方面的内容。信息服务包括11项内容，分别为初始化、搜索、获取、删除结果集、访问控制、记账、排序、浏览、解释（获得细节）、扩展服务（如周期搜索计划）、终止。Z39.50对于互操作最大的价值在于实现了信息查询和提取过程的标准化，规定了完善的语法（七种查询条件表达格式）以及所支持的信息资源的元数据格式（15种属性集），每个属性集由一套属性类型+属性组成。属性集的规定是使用Z39.50协议获得不同资源库彼此的元数据信息、实现语义互操作的基础。

WWW的出现，许多Z39.50的应用都建立了浏览器/Web服务器/应用服务器三层架构，但需要通过CGI与Z39.50的客户端进行通信，再通过Z39.50服务器实现互操作。这种架构体系在结构上和执行的效率上均不合理，因此ZING作为下一代Z39.50协议而逐步推广，它包括SRW/SRU、CQL、ZOOM、ez3959和ZeeRex五个部分，包括Web的信息检索协议、通用查询语言、面向对象的API等内容。ZING是Z39.50各种功能在新的网络协议和应用模式下的细化，但许多相应的功能并没有Z39.50完整和全面，主要是为了实现新技术与协议的兼容。

不管是Z39.50还是ZINC，在设计上因为网络环境的问题，都考虑得过于复杂化，使得这个协议并没有在图书馆之外的行业得到推广，尽管可以实现不同图书馆文献资源的检索和传输，但并不适用于大规模的元数据获取，因此作为一种元数据输入、输出协议，多用于集成管理系统中传统图书采访、编目的联合检索。

（二）OAI-PMH

与Z39.50相比，OAI-PMH是构建文献搜索的重要协议之一。这是开放文档先导背景下的元数据收割协议。

1999年在美国新墨西哥州召开的一次电子出版界研讨会上,提出可以构建一个标准接口,使得网络服务器可以发布其电子文档的元数据,多个采用这种接口的仓储结合在一起就可以形成一个联邦仓储,其他组织可以检索和利用这些仓储中的元数据。这次会议基本确立了OAI协议的框架,在网络信息联盟CNI、数字图书馆联盟DLF和国家自然科学基金NSF等地支持和资助下,包括OCLC、NASA在内的很多著名大学、图书馆、博物馆参与到这个框架中来,目前该协议最新的版本是OAI-PMH2.0。

OAI-PMH工作机制。OAI-PMH使用TCP/IP协议作为收割者和仓储之间的传输框架,这使得协议可以和目前的Web方式很好结合。在这个互操作框架中有两个角色:数据提供者(Data Provider)和服务提供者(Service Providers)。数据提供者是元数据的发布方,一般拥有一个或多个仓储,采用OAI技术框架发布元数据,使得服务提供者可以根据自己的需要对这些元数据进行收割加工。采用DC作为互操作的标准元数据,但也支持XML格式的元数据标准。服务提供者是元数据的收割方,使用OAI协议向数据提供者发出请求,并接收返回的元数据作为构建各类服务的基础,一个服务提供者可以收割多个数据提供者的数据。

OAI-PMH的配置和使用。用户可以根据对元数据的需要,在众多数据提供者中进行分析、选取,以获得符合用户要求的数据源,还可以从Z39.50服务器、静态网页、数据库中抽取元数据,形成供自己使用的本地元数据仓储。不管是哪种方式,但都需要进行系统的配置,对于数据提供者的配置,需要考虑共享哪些元数据,而服务提供者需要考虑从哪些数据提供者那里收割元数据以及如何处理收割来的元数据。收割和提供的双方都要在更新频率、元数据格式等方面达成共识。为了提高配置和使用的效率,OAI的官方网站上有一些现成的工具,大多是遵循开放源代码协议的,可以下载后进行配置和使用,或者适当修改后使用,如元数据收割测试就有专门的工具软件。

不论是数据提供者还是服务提供者,都需要在OAI的官方网站上进行注册,对即将提供服务的元数据仓储进行登记,需要提供元数据仓储的名称、URL、数据库描述、联系人和联系方式等信息,通过OAI组织的评估测试后即可使用。

OAI-PMH与Z39.50。尽管都是元数据的输入、输出协议,但是两者还是有很多区别。从相互操作的程度来看,一个是重量级一个是轻量级,Z39.50基于TCP/IP的底层协议,OAI基于HTTP的应用层;在元数据标准上,Z39.30常用的MARC结构烦琐,效率低,而OAI采用的DC则弥补了这个问题;在体系结构上,Z39.50系统通常设计为分布式检索模式,而OAI是在采集到的元数据基础上,构建统一检索系统,从这个层面上看,OAI更适用于文献搜索的构建;从功能上来看,Z39.50在设计思路上做到尽量完善,具有会话管理、结果处理等复杂功能,而OAI的设计思路就是实现一个低门槛的互操作机制,因此简化很多元数据处理功能。通过上述比较,可以看出这两个元数据输入、输出协议并非互相取代,而是相互补充的关系。但是站在图书馆角度上分析,笔者更倾向于OAI的架构,其简化、易行的特性使图书馆在复杂的互联网环境中更容易应用。

(三) MarcXchange

ISO2709用于MARC数据的交换已有30多年历史,虽经多次修订,但对网络环境特别是互联网环境明显不适,因此2001年美国国会图书馆就开始开发MARC数据在XML环境下的工作框架,最终形成基于MARC21格式的XML交换格式MARCXML,同时研发了一些具有展示度的应用。适用于更多种类型MARC的基于ISO2709的MarcXchange则于2005年开始研发,最终版本于2008年发展成为国际标准ISO25577,其框架仍采用与ISO2709一致的术语,增加与ISO2709术语的文字连接,这既是对ISO2709格式的扩展,也是对MARCXML格式的扩展。

MarcXchange框架以MARCXML为基础,是一种与2709格式兼容的新的MARC数据交换格式,实现了MARC记录的XML格式的交换,作为对ISO2709格式在互联网时代的补充,指定一个广义的基于XML的交换格式的书目记录以及其他类型的元数据的要求,主要用于数据处理系统之间的通信而设计的一个框架,但也可能是作为一个系统内的加工格式使用有关。尽管该标准阐明了通用的、基于XML交换格式的书目记录和其他类型元数据的功能需求,但没有定义单个记录的长度或内容,也没有为字段标识、指示符、标识符以及执行格式的功能说明赋予任何定义。

(四) Web Servicee

Web Servicee 并不是一个图书馆行业专用的开发协议,但是目前在图书馆文献搜索的构建和与图书馆其他系统的关联中,将发挥巨大的作用。

什么是 Web Servicee。在基于互联网的大背景中,B/S 的客户端模式已经占据绝对的主流地位,逐渐取代需要发布桌面应用系统的 C/S 模式,后者因为开发成本高,安装、配置和维护不便,更重要的原因是面对复杂的互联网环境的通信能力适应性远不如 B/S,因为 B/S 使用 HTTP 协议来通信,而几乎每个运行 Web 浏览器的客户端都在使用 HTTP 协议,许多网络防火墙也配置为只允许 HTTP 连接。在 B/S 应用系统的背景下,为了实现不同系统之间的互操作性,需要与运行在各种异构平台上的应用程序集成并进行数据交换,其方法包括文件传输和分析、消息队列等,于是出现了客户端和服务器使用 HTTP 进行通信、独立于平台、组建模型和编程语言的 Web service。Web service 就是基于 HTTP 协议的构建互操作的分布式应用程序的平台标准体系,定义了互联网应用程序在 Web 上实现互操作性的数据格式、数据调用规范和描述语言。

Web Servicee 的三要素 Web Servicee 平台有一套协议来实现分布式应用程序的创建,用于沟通不同平台、编程语言和组件模型中的不同类型系统,包括让开发者和使用者能得到足够的信息来调用这个 Web Servicee,有进行远程调用的方法,如远程过程调用协议 RPC,而为了实现互操作性,RPC 协议还必须与平台和编程语言无关。这些基本需求就组成了 Web Servicee 的三个要素。

XML 和 XSD:可扩展的标记语言 XML 是 Web Servicee 表示数据的基本格式。除了易于建立和易于分析外,XML 的主要优点在于它既与平台无关,又与厂商无关。因此 W3C(www 联盟)专门制定了 XML Schema(XSD)来定义一套标准的数据类型,并设计了一种语言来扩展这套数据类型,Web service 采用标准的 XSD 来作为数据类型,所有的数据类型都必须转换为 XSD 类型,有相应的工具可以自动完成。

SOAP:简单对象访问协议,提供标准的 RPC 方法来调用已经完成的 Web service,SOAP 规范定义了 SOAP 消息的格式以及怎样通过 HTTP 协议来使用 SOAP,它也是基于 XML 和 XSD 的,XML 是 SOAP 的数据编码方式。

WSDL:Web service 描述语言(WSDL)是一个基于 XML 的语言,用于描述Web service及其函数、参数和返回值。因为是基于XML的,所以WSDL既是机器可阅读的,又是用户可阅读的,有专用工具能根据Web service生成WSDL文档,又能导入WSDL文档,生成调用相应Web service的代码。

所以尽管Web service不是图书馆专用的标准,但是数字图书馆目前已经主要运行在互联网上,互联网环境下通用的跨平台互操作标准体系,图书馆的系统研究势必大量使用。在文献搜索的构建中,它将主要用于:在经过数据库商的授权和支持下,开发专用Web service进行元数据的收割,其收割范围、收割时间等可以自行根据需要定义;用于实现与图书馆自动化集成管理系统的相关业务系统实现数据交互,如馆藏信息的获取、读者借阅权限的获取,读者在文献搜索中进行预约、续借、收藏等各种操作的关联等。

(五)其他输入、输出协议

SDLIP:1999年由美国斯坦福大学、伯克利大学等联合开发,是一个基于XML的查询/响应协议的简单数字图书馆互操作协议,基于HTTP或者公共对象请求代理体系结构CORBA的互操作架构,其目标是简化服务器端和客户端的软件实现,支持HTTP和CORBA两种方式,支持同步和异步两种网络连接状态。协议从底层传输层设计,通过定义公共接口来方便各个资源库之间的交互,协议注重网络之间的数据传送,系统中各个子数据库系统分别提供符合统一标准的搜索接口,执行搜索时由核心系统负责协调各个子数据源完成相应的请求。

协议一共规定了三类基本接口:搜索接口,用于对查询提问进行操作,包括向资源库提交搜索的请求;资源元数据接口,设计了一个图书馆服务代理来提供文献资源的元数据,该代理系统隐藏了各图书馆文献资源之间访问的差异性,将这些资源通过统一界面提供给用户,用户端则通过与代理的交互,来达到访问各个数据源的目的;结果存取接口,查询结果的存取接口,包含查询结果的各种格式信息。SDLIP对于需要支持大负载元数据搜索的互操作协议的系统设计较为重要,同时还支持移动手持设备等客户端,通用性较强。

STARTS协议:STARTS协议是1996年斯坦福大学图书馆联合几家搜索引擎,在"分布式异构资源的检索"的设计目标下启动的。STARTS协议为文献搜索建立了统一的查询接口,便于对分布的文本信息进行查询,协议描述了如何查询信息源以及这些源给出哪些元数据,协议的体系结构中包含许多资源种类,而每个资源又可由一个或多个具体的元数据组成,并能描述这些信息源的关联性。

当元搜索器或任何一个终端客户端会向多个信息源提交查询请求时,搜索引擎会执行两个任务:一是定期从各个信息源提取源列表,以找出哪些源可用于查询;二是定期提取各个信息源的元数据与内容概要,以判断这些信息源对于某个特性的搜索是否有用。在资源搜索过程中,用户请求后元搜索器将此请求传递给各种信息源,并将返回结果进行整合后提供给用户。STARTS能够对分布的文本信息进行查询,协议简单易行,具有很强的可扩展性和灵活性。但因为设计出发点是简单易行,因此忽略了很多重要的问题,如仅支持对文本信息的查询,没有包含错误处理机制和考虑数据传输的安全机制等,因此目前应用并不多。

第四节 元数据标准控制体系与管理

任何一个图书馆面对庞杂的元数据体系都会感到棘手,一方面图书馆已经存在大量的原有标准建设的元数据以及与之相适应的业务流程、管理系统;另一方面又要适应新的快速发展的网络服务需求,在等待某个标准成熟或者大规模应用的过程中,日益承受来自用户的压力。因此与国际先进水平相比,国内图书馆元数据的研究和实践仍有一定的差距,普遍关注描述型元数据的构建,而忽略管理型元数据和结构型元数据,对元数据的理解与应用多停留在单个具体的项目,没有从图书馆建设的全局进行实践,因此仅在上海图书馆、国家科学图书馆、北京大学图书馆、国家图书馆、浙江大学图书馆等大型图书馆取得成绩。

一、元数据标准控制的"三原则"

文献搜索的标准体系是图书馆、数据库商(尤其是国内的)没有重点涉足的领域,因此对于文献搜索标准体系的推广应用是有利的,可以摆脱原有的框架来实现。笔者根据前期的系统实践,结合文献搜索的特点,认为面对纷繁的元数据控制标准、协议,图书馆可以分层选取并拟订一套属于本馆的元数据控制标准体系,作为元数据应用纲要的组成部分,最终以业务管理系统的方式进行流程控制,保证文献元数据在收割、清洗、存储和检索等各个环节的质量。在文献搜索元数据控制中坚持"三原则"。

(一)通用原则

尽可能采用IT行业通用的现行标准和协议,如XML、Web service等,以便推动图书馆服务的互联网化、社会化。图书馆行业之前有太多专用标准,如MARC,这些专用标准自然而然地构建了一道和外界之间的技术壁垒,一般的系统分析员很难理解和完成系统设计,事实上影响了图书馆系统的快速发展。

(二)系统化原则

文献搜索涉及图书馆的运行和管理,因此元数据标准必须坚持系统化原则。有三层含义:一是元数据标准体系必须适应各种文献类型,才能满足文献搜索的需要,也就是类型系统化;二是元数据标准体系的流程系统化,从元数据收割、整理、审校、存储、交互等各个环节,都有相应的标准进行约束,以保证元数据的质量和可持续;三是实现元数据标准体系的管理系统化,用规范的管理信息系统进行控制,才能科学地进行元数据控制。

(三)服务驱动原则

文献搜索的最终目的是提高图书馆服务质量和服务水平,因此元数据标准体系必须以服务为驱动,将读者服务需要的服务元数据、管理元数据等纳入标准体系中,并不断根据服务的需要进行扩充和完善,才能推动文献服务的发展。[①]

二、元数据标准控制的框架

(一)可供参考的语义网标准框架

蒂姆·伯纳斯·李是万维网的发明者,被称为互联网之父,1989年3月他提出万维网的设想,并于1990年12月25日在日内瓦的欧洲粒子物理实验室里开发出了世界上第一个Web网站。他对下一代万维网,也就是我们通常所说的语义网提出了七层体系结构的描述,从底层到上层分别是:编码定位层、XML结构层、资源描述层、本体层、逻辑层、证明层和信任层。

[①] 梅海燕. 元数据的研究进展[J]. 现代图书情报技术,2002(04):17-19+53.

按照通用性原则,其从底层开始的编码定位层、XML结构层、资源描述层对于文献搜索的标准体系具有重要的参考意义。

第一层:编码定位层,Unicode字符集基本上包括了世界上所有语言的字符,因此这种数据格式也就能存储几乎所有语种的文献,并支持语种的混合和检索。URI(Uniform Resource Identifier)即统一资源定位符,唯一标识互联网上的一个概念或资源。这一层是语义网的基础,Unicode负责处理资源的编码,URI负责资源的标识。

第二层:XML结构层,从语法上表示数据的内容和结构,使用了标准的XML语言将网络信息的数据结构和内容进行表现。

第三层:资源描述层,RDF+RDF schema。RDF建立了一种供多种元数据标准共存的框架,能充分利用各种元数据的优势,进行基于Web的数据交换和再利用,这是一种标准化的元数据语义描述规范。RDF schema则使用机器可以理解的体系来定义描述资源的词汇,其目的是提供词汇嵌入的机制或框架,在该框架下多种词汇可以集成在一起实现对Web资源的描述。

在互联网知识急剧变化、资源数量剧增、内容大量交叉重复的今天,想从浩瀚的互联网中搜索出所需的族性知识和特性知识越来越困难,因此语义网面临和文献搜索同样的甚至更复杂的状况。从上面的三层结构可以看出,语义网采用了化繁为简的策略,Unicode、XML和RDF都是最常用且容易掌握的信息技术,这也为普及性的语义网奠定了基础,文献搜索的标准体系也应该采用这样的思路。

(二)文献搜索的元数据标准控制的框架

让按照元数据标准控制的三层架构来进行控制,见表5-1。在输入与输出层,采用已经具有大量应用的OAI-PMH和目前互联网最为通用的互操作语言Web service,根据文献资源的不同情况进行收割,而整个文献搜索平台提供标准化的Web service接口,同其他应用系统调用;在描述与控制层,采用RDF的方法进行元数据的描述和控制,具体的质量控制采用应用系统进行流程化管理;在资源存储层,采用互联网通用的Unicode字符集,保证语种的通用,采用目前通用DC元数据集并用XML语言进行表达和存储,在唯一性标识方面,对有DOI标识的文献进行存储,对没有DOI标识的文献还需自定义唯一性标识方案,同时实现开放链接,以保证文献资源在互联网上的长期可访问。

表5-1　文献搜索的元数据标准控制框架

标准层级	标准	说明
输入与输出	OAI-PMH、Web Servicee	对于支持OAI-PMH的,则采用标准化收割,其余的文献元数据采用WS进行收割和输出
质量保障	RDF、元数据管理器	对元数据的构建进行标准化描述;但需要研发元数据管理器进行流程化控制
元数据存储	Unicode、DC、XML、DOI、OpenURL	采用Unicode字符集进行存储,使用DC元数据集并用XML语言进行表达和存储,在唯一性标识和地址方面,采用DOI和OpenURL等方案

在上面的论述中,与文献搜索相关的元数据标准和协议较多,在本研究中选择上述标准框架,一方面基于实践的经验;另一方面依据通用、系统化和服务驱动原则,在实践中还会根据实际情况进行调整。而元数据标准控制体系的架构,也必将随着图书馆文献搜索的深入应用和发展以及互联网的发展而产生变化。

三、《元数据应用纲要》编制与实例

文献搜索是一个工程化的系统,在上述繁多的标准体系中,最终应形成一套实用的文献搜索元数据标准框架。但是具体可供图书馆和程序员利用的标准框架,DCMI(都柏林核心元数据倡议)推荐使用元数据应用纲要。元数据应用纲要是作为在特定应用或具体项目中说明某一元素取自哪个命名域的方法而出现的,DCMI给出的定义是一种取自一个或多个命名域的数据元素组成的元数据格式,由应用者组合并可为了本地的特殊应用进行优化处理。

(一)元数据应用纲要的内容

一个完整的元数据应用纲要需要对以下方面进行详细规范:必备的元素。所采用的DC元素。所采用的DC元素修饰词。所采用的编码体系修饰词及值(如使用某个特定的受控词表或编码体系)。取自其他命名、用于图书馆领域的元素。有可能使用的、取自其他应用纲要的元素或元素

修饰词。以标准定义的方式进行限定。

DCMI确定的应用纲要,仅仅明确了都柏林核心元数据元素集在图书馆或与图书馆相关的应用项目中的用法,但这是元数据的核心部分,而目前将数据和元数据作为信息资产的观念已经逐渐被接受且重视,业务人员、管理人员、用户对元数据的巨大需求,使元数据越来越重要,因此对于图书馆来说,需要构建一套完整的《元数据应用纲要》来规范自己的信息资产管理。

(二)元数据应用纲要的编制

元数据应用纲要是一项庞大的、重要的系统工程,但至今在国内图书馆行业没有得到足够重视和推广。科技部《我国数字图书馆标准与规范建设》项目(CDLS)的核心就是元数据标准体系的建设,主要针对数字图书馆系统的数字资源建设与服务,制订我国数字图书馆标准规范发展战略与标准规范框架,制订数字图书馆核心标准规范体系,建立数字图书馆标准规范开放建设与开放应用机制,项目从2002年10月开始建设,其研究成果从2006年开始逐渐发布,项目包括数字资源加工规范、基本元数据规范、专门元数据规范、数字对象唯一标识符、数字资源检索协议规范、元数据规范开放登记系统、资源集合元数据规范等,但很少有图书馆采纳并使用。

笔者认为,单个图书馆也极有必要遵循相关的国际、国内标准,编制本馆的《元数据应用纲要》,作为数字图书馆时代的业务规范推行。一个完整的元数据应用纲要的编制体系,必须实现下述三个方面的完整性。

完整的元数据类型。图书馆应根据文献收集、整理和服务的需要,为各种类型的元数据分别拟定元数据标准,如图书、期刊、古籍、音频、视频、图片等,还要随着图书馆业务和文献类型的增加而逐渐完善。

完整的全局元数据模式随着图书馆业务系统的增多,都需要在文献搜索中反映出来,因此需要构建面向数据共享和互操作的元数据中心,共享数据库就主要由全局元数据构成,全局元数据是全局共享和互操作数据集,由全局服务模型决定并为全局业务服务的元数据,文献元数据仅仅是其中的一部分,但也是最主要的部分。其他部分还包括:图书馆业务视图模型、互操作元数据模型、主题元数据模型、统计元数据模型、读者服务元数据模型等。

完整的元数据控制流程。完整的元数据控制流程也就是说,需要构建整个元数据标准体系框架的应用框架,包括输入与输出层的OAI-PMH、互操作语言Web service、RDF、DC、XML、DOI等具体的应用纲要,DC仅仅是其中最重要的组成部分。还需要将已有的引用标准体系纳入其中,如国家标准的代码集、主题词表等。

(三)编制实例

可以参考《我国数字图书馆标准与规范建设》项目(CDLS)编制的各类型文献的元数据应用纲要文档。该项目是国家科技基础性工作专项资金重点项目,针对数字图书馆系统的数字资源建设与服务,制订我国数字图书馆标准规范发展战略与标准规范框架,制订数字图书馆核心标准规范体系,建立数字图书馆标准规范开放建设与开放应用机制。

四、元数据管理器

在完成元数据标准体系的构建后,如何对文献搜索整个流程的各类型数据进行收割与输出、深层发掘、数据质量保证等,并解释出隐藏在海量元数据中的趋势、因果关系、关联模式等核心信息?这些一方面是需要在元数据标准体系的构建中需要考虑的,另一方面需要在元数据仓储的实施中考虑。笔者认为,最有效的方法莫过于开发元数据管理系统,或者称为元数据管理器,通过这个专用的系统将图书馆文献搜索平台中的资源元数据、管理元数据、服务元数据等分门别类地进行管理,并建立数据与数据之间的关系,实现流程化输入、质量控制、输出、分析等,才有可能实现这个目标,正如传统图书的采访和编目工作的AACR2,通常是通过图书馆自动化系统来具体实现流程和质量控制。

但总的来说,元数据管理还是一个不成熟的领域,也是一个待发展的领域。具体原因有决策和技术两个方面。

从业务上看,图书馆行业对于建立一个元数据管理及相关交换平台的目的并不明确。很多馆员没有认识到元数据管理对于图书馆管理和服务带来的巨大价值,重资源轻数据,因为元数据管理是图书馆系统的基础设施,就像某个城市的地下管道、环境控制工程一样,其对于图书馆的管理、系统建设的作用是隐性的。在数字图书馆建设的初级阶段,讨论元数据这样的基础性技术和标准,通常被忽略了。做元数据管理本身没问题,问题的关键是元数据用在什么地方？具体的功能需求是什么？从实际应用看，如果进行数据质量控制、跨库检索、知识搜索、语义网、系统性能优化或者系统监控、灵活报表查询等开发，就需要从元数据的管理着手。但是目前图书馆管理系统的目标与这些需求还有一段距离。

从技术上看，统一的元数据标准体系在图书馆行业还没有真正建立起来。传统的MARC重点是处理纸质文献的元数据，缺失数字资源的元数据标准以及相关的通信、交互、质量控制的元数据，IT行业一般元数据管理工具大多提供的是元数据交换功能，基于某种标准，从建模工具、数据仓库、ETL工具、OLAP工具等中抽取元数据到集中的元数据库中。但问题是，这些众多工具的交互，即便它是遵从某一标准，如果其他工具不遵循，问题依然不能解决，如果不能完全集中所有的元数据，整个元数据仓库中数据流就会出现断层，所谓一致性分析也就无法建立起来。

（一）元数据管理器的设计思路

图书馆文献搜索平台的复杂程度，完全可以与任何的大型信息系统相比，因为其不仅需要进行各个图书馆管理和服务系统的信息交互和流程化管理，还需要实现各种文献资源的互操作和流程化。元数据管理器，就是这个复杂系统的中枢神经的控制系统，其设计思路应包含下述内容。

尽可能实现整个标准系统的定制化管理。在形成可以遵循的元数据国际标准、国家标准或行业标准体系之后，元数据管理器应并能行之有效地将相关的标准系统管理起来，实现标准化字段控制、代码集、主题词表、数据转换等的严格控制，成为文献搜索体系的核心。

具有一定的自动处理功能。除了一些元数据收割的配置功能外，还需要提供针对各个文献资源数据库的Web service自动处理能力，可以让系统定时、定量地收割所需元数据。对于签订相关授权协议的数据库，可以直接入库存储等。

具备元数据规范化功能。从各个数据库收割来的元数据，必定有较大的差异，一方面是标准的差异，因文献搜索涉及具体的图书馆服务功能，重建的元数据标准会有服务型元数据，如专用的分类体系、限定词等；另一方面是原始数据的质量差异，如国内一些数据库的资源描述字段很多都是缺失的。因此需要提供相应的规则，或者建立映射关系进行自动处理，或者手工干预，以实现元数据的规范化。

具备元数据查重、审校等质量控制功能。中文数据库的大量重复,是困扰图书馆管理者的一个难题,超星、书生的电子图书,CNKI、万方、维普的期刊数据库,都多多少少有重复,因此元数据管理器必须具备查重功能,并授予在系统中的唯一标识符,通过规范化和查重的元数据,最终还需要专人审校后,才能提交元数据仓储进行长期保存。

监控、统计和分析功能。在元数据收割的过程中,由于系统、网络、接口程序等多方面因素,可能造成收割行为的中断,造成数据不全,因此需要专门的监控系统对于整个过程进行控制,保证其收割的有效性。

通过元数据管理器,将元数据从底层到流程都实现系统化管理,尽可能避免人为因素,确保文献元数据的标准实施与元数据质量。

(二)元数据管理器的设计

1.元数据仓储

元数据管理器是基于元数据仓储而建立起来的。数据仓储是美国信息工程专家提出的,他认为是一个面向主题的、集成的、随时间变化的、但信息本身相对稳定的数据集合,用于对管理决策和服务过程的支持。它不仅仅是一个大型的数据存储机制的静态概念,更像一个过程,这个过程涉及数据的收集、整理和加工,最终生成决策和服务所需要的数据。元数据仓储中的元数据是标准化的,能有效支持数据的交换与共享,在设计过程中必须包括下述信息。

2.标识信息

对文献的元数据进行标识的相关信息。类型信息包括数据库属性,字段长度、数据大小、数据类型等。业务信息包括文献主题、关键词、类别等信息、管理信息、关于元数据管理、保护和存储的相关信息,如所有者、产生日期、有效期等。

3.元数据管理器的系统架构

根据上面的需求分析,一个完整的元数据管理器的系统架构方案应由元数据标准体系层、元数据获取层、元数据管理层组成。

4.元数据标准体系层

采用数据库的方式将相关的标准、规范框架管理起来,实现标准代码的可定制;实现标准化字段控制、代码集、主题词表、数据转换等的严格管理;可以授权进行标准的维护操作;定制业务流程的工作单、交互用Excel

字段控制、XML或者MARC格式的输入和输出等。

5.元数据获取层

元数据获取层主要完成元数据仓储模型建设,元数据质量管理,数据源的定义,元数据抽取、转换清洗及加载工作。由于文献数据库大部分都是根据不同产品和需求独立设计的,因此不同系统设计的原理、架构、使用平台也不一样,这给文献搜索的数据源统一带来了一定的困难,因此需要在这一层中进行确定,接着就要考虑数据源的质量问题,如何将不统一、不完整的数据源变成按统一标准的元数据存放到数据仓储中。因此,元数据抽取、转换清洗及加载是元数据管理较为关键和复杂的过程,需要根据各个数据库的情况拟定不同的策略,如什么时候进行元数据的抽取、抽取完后如何进行汇总和清洗、清洗完后什么时候加载,抽取的频率有多高,数据的颗粒度有多高,是否需要人工进行干预等工作。图书馆可以通过四种渠道进行元数据收割,如图5-1所示。

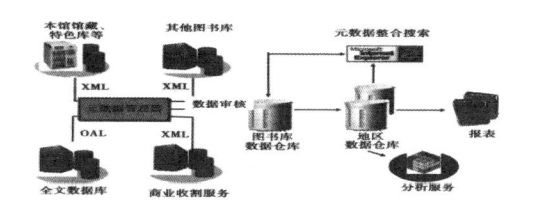

图5-1 图书馆元数据收割模式

本地馆藏和特色数据库,开发专用XML接口,实现自动实时收割。其他图书馆的馆藏信息,在获得授权的情况下,通过馆际互借协议开发XML接口,实现自动实时收割。部分全文数据库,通过国际OAI收割协议进行自动实时收割不具备OAI协议的数据库,则采用商业收割服务,图书馆支付相应费用,审核后进入元数据仓储。

元数据管理层。元数据需要通过关系型数据库和多维数据库进行存储、增加、删除、查询、修改等管理,形成元数据管理层。取自多个文献数据源系统的文献元数据存储在元数据仓储中,还包括用于分析的集成汇总数据,是一个统一完整的数据库,因此管理层需要支持关系数据和多维数据模型的高性能、高扩展性、高可用性,并提供相应的管理工具,具备如查重、合并、规范化、删除、修改、备份与恢复等功能。

(三)元数据的分析服务

读者喜欢什么书？借阅了什么书？关注什么专业动向？这些行为可以通过读者对于文献搜索的利用，而进行读者的行为分析来获得。在此基础上，为图书馆的管理者提供相应的决策信息，从而有效提高图书馆的服务水平和竞争力。元数据管理器需要设计专门的分析服务功能，以提高图书馆的管理和利用效率，通常有静态和动态(也称智能)的分析方法。

元数据静态的分析：系统可以利用元数据仓储中的文献数据，通过统计报表、图形报表和其他分析工具，直观、快捷地得到图书馆需要的分析结果。

读者动态的行为分析：利用数据挖掘的相关模型和技术，给图书馆提供多种数据分析方法，包括动态分析报表、预测分析、假设分析等，获取在日常文献服务中不容易发现的规律，以预测将来的趋势，提高服务水平。

分析服务的结果：通过邮件、移动设备向用户提供元数据监控、分析工作流和警告信息，包括多目标用户和多应用相关的分析工作流，从而提供一个主动式智能解决方案来提供图书馆对文献活动的监控和预警。

第六章 图书馆文献资源检索与利用之检索平台的构建

第一节 信息检索技术概述

TRS信息检索技术主要解决海量中文信息检索的效率及准确性问题,包括对分词技术、分词词典技术、索引技术、检索结果相关度排序等多个方面的技术研究与应用实践。本节主要对上述TRS信息检索技术进行深入研究,提出工程实践中如何利用这些技术提高检索性能与效率。

一、TRS信息检索技术总体架构

TRS信息检索领域主要包括文本信息检索、文本挖掘和搜索引擎应用三个方面,其总体架构如图6-1所示。

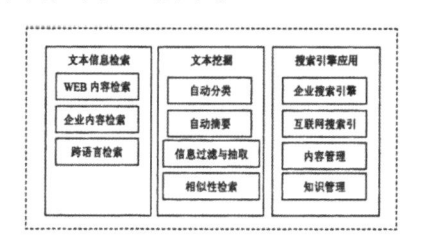

图6-1 TRS在信息检索领域架构

文本信息检索:包括对互联网WEB内容的检索、企业内容检索与跨语言检索。目前各类互联网搜索引擎的核心业务即WEB内容的检索,除了分词与索引相关技术,网页信息采集技术也属于其中的一个重要环节。企业内容检索与互联网搜索的区别在于信息采集、加工与检索多个方面。

文本挖掘:包括自动分类和自动聚类、自动摘要(包括自动标引)、信息过滤与信息抽取、相似性检索(信息去重)四个方面。

搜索引擎应用:包括企业搜索引擎、互联网搜索引擎主要是垂直搜索引擎、内容管理和知识管理。①

二、检索分词技术

汉语是由汉字组成的,多个汉字组成为一个词,在一个句子中,词与词之间在形式上是没有任何标记或手段来区分,这一点与英文的句子使用空格来区分单词是不同的。然而在检索过程中,我们检索的内容却大部分都使用了汉字中的词语,于是对一句话中的词进行切分能准确并快速地找到我们想检索的目标。一种分词的方式是基于词典,对句中出现的双字或多字进行匹配,一种是基于统计手段,将经常同时出现的双字或多字作为一个词,此外在人工智能领域采用了基于句法、语法和语义分析的方式对词语进行定界。

基于TRS信息检索技术的图书馆中文数字资源统一检索服务平台采用了TRS自动分词技术来实现对文献元数据的分词。TRS自动分词系统的主要功能是可以自动地对文本进行切分,把连续的文本串切成一个个独立的词语,供其他文本挖掘应用使用。它有如下特点。

对于分词歧义的处理,采用了正向最大分词技术和二次扫描技术,在保证分词效率的同时,可以发现绝大多数的交集型分词歧义。采用基于实例的切分歧义处理技术,对歧义进行准确处理,并使系统具有良好的可扩充性。

提供了多语言支持,支持GB18030和UTF8两种编码,具有良好的多语言支持能力。系统包含韩文和日文词典,支持这两种语言的分词。系统支持英、俄、法、德等多种西文的切词,并进行了词根处理。

其知识词典在参考其他语法词典的基础上,人工整理了一部7万多词条的分词词典。根据50年人民日报等语料的统计数据,人工整理了一部歧义实例词典,包含数万条,可以对常见的分词歧义进行有效的处理。词典是开发式的,可以人工进行维护,添加新词条。

TRS自动分词系统的工作流程分为:对文本进行正向最大切分;对正向最大切分结果进行二次扫描,发现交集型分词歧义;使用歧义实例库,对歧义进行处理,无法处理的歧义采用统计方法进行处理;对切分结果进行未定义词识别;对切分结果进行词性标注。对切分后的西文单词进行

---

①刘伟成,杨红梅,周琪.数字信息资源检索[M].武汉:武汉大学出版社,2018.

词根处理。

三、检索词典技术

按用途划分,TRS全文检索系统有八种类型的词典:分词词典(SEGMENT)、附加分词词典(SEGMENTEX)、停用词典(STOP)、附加停用词典(STOPEX)、稀疏词典(SPARSE)、主题词典(THESALRLS)、同义词典(SYNONYM)、反义词典(ANTONYM)。其中,分词词典、附加分词词典、停用词典、附加停用词典和稀疏词典是用来建立数据库的索引并进行查询的词典,统称为索引词典;主题词典、同义词典和反义词典是用于智能概念扩展检索的词典,统称为辅助知识词典。

(一)分词词典

按词索引和检索是TRS系统的主要特点之一,内嵌的分词系统采用以词典为基础的分词算法。分词词典用于对表意文字(中文、日文、韩文)的自动分词,由若干个词汇组成,词典中由字母和数字组成的词汇不起作用。每部分词词典可容纳多达50万条词汇,每个词汇的最大长度为48个字节。

该系统提供的缺省分词词典的每个词汇具有语法属性,以提高分词的准确性。用户定义的分词词典或增加的词汇则没有属性。该分词词典是经过加密处理的,用户可以浏览词典的词汇,但不能浏览其属性。

在使用该系统的分词词典时,遵循以下要点和原则:在创建数据库时引用分词词典;分词词典被引用后,一般不允许再对该词典进行维护,除非重新创建数据库的索引;在一般情况下均使用系统提供的缺省分词词典;对英文数据库不使用分词词典;一般不对系统缺省分词词典进行维护,当需要加入用户专业词汇时,可通过创建附加分词词典来实现;分词词典中由字母和数字组成的词汇不起作用,因此不要加入这些词汇;生僻词并不一定要加入分词词典,这些词即使不在词典中,也能检索。该系统提供一个特殊空分词词典,其特殊性在于:系统安装或升级时,该词典将被自动创建,不能进行维护,也不能以其他任何手工方式创建(否则不具有自动创建时的功能);词典中没有任何词项,当数据库引用该词典时,将按字建立索引,并用来指定"所有的单字都建索引",以便能够进行单个字的查询。因此也把该词典叫作"全字词典"。

(二)附加分词词典

附加分词词典是分词词典的补充。TRS全文检索系统提供的缺省分词词典是一部通用的分词词典,在多数情况下没有包括用户应用的特殊词汇在这种情况下,一般不是对系统缺省分词词典进行维护,而是通过建立新的附加分词词典来定义新的词汇,系统在自动分词时将同时参考分词词典和附加分词词典中的词汇。

附加分词词典由一系列词汇组成,词典中由字母和数字组成的词汇不起作用。每部附加分词词典可容纳多达5万条词汇,每个词汇的最大长度为48个字节。

在使用该系统的附加分词词典时,遵循以下要点和原则:在创建数据库时引用附加分词词典;附加分词词典被引用后,一般不允许再对该词典进行维护,除非重新创建数据库的索引;在一般情况下均使用系统提供的缺省分词词典,即使在数据库不引用任何附加分词词典,用户应用的特殊词汇也能进行检索;对英文数据库不使用附加分词词典;附加分词词典中由字母和数字组成的词汇不起作用,因此不要在加入这些词汇。附加分词词典一般包含了某个领域的专业词汇。

(三)停用词典

停用词典又称为禁用词典,它是由一系列没有检索意义的高频词组成的,如英文文献中的"the""of""and""to"等,中文文献中的"的""关于""但是""而且"等。从相关性方面讲,文献中的这些词没有检索意义,因为这些词会出现在每篇文献中。在检索系统中,通常使用停用词典来过滤掉文献中没有检索意义的词,以最大限度地减少数据库的空间膨胀率、加快查询速度。

停用词典中的词汇可以是标点符号、高频词等。每部停用词典可容纳多达5千条词汇,每个词汇的最大长度为48个字节。

在使用该系统的停用词典时,遵循以下要点和原则:在创建数据库时引用停用词典。一般不对系统缺省停用词典进行维护,当需要过滤更多的无意义词时,可通过创建附加停用词典来实现。无论是何种语言的数据库,均可引用停用词典。并不是语言中所有的高频词都需要作为停用词,例如"家""世界"是高频词,但对大多数社会科学资料数据库来说,它们可能是重要的词汇。一个词是不是需要作为停用词,与数据库的领域特点有关,如在计算机科学文献中,"计算机"可作为停用词,因为它几乎出现在每一篇文献中,没有检索意义。

(四)附加停用词典

附加停用词典是停用词典的补充。TRS 提供的缺省停用词典是一部通用的停用词典,不包括特殊领域的无检索意义的词汇在这种情况下,一般不是对系统缺省停用词典进行维护,而是通过建立新的附加停用词典来满足特殊要求。

附加停用词典中的词汇可以是标点符号、高频词等。每部附加停用词典可容纳多达5千条词汇,每个词汇的最大长度为48个字节。

附加停用词典的使用要点。在创建数据库时引用附加停用词典。无论是何种语言的数据库,均可引用附加停用词典。附加停用词典一般包含了某个领域的高频词。

(五)稀疏词典

在某些应用领域中,用户并不需要进行全文检索,而希望从文献中自动抽取一些词汇作为检索的关键词,也就是说并不需要索引文献中的所有词汇,而只需索引其中一些关键词。稀疏词典就是存储这些关键词汇的词典。

关键词可以是任何词汇,包括由字母和数字组成的词汇每部稀疏词典可容纳多达5万条词汇,每个词汇的最大长度为48个字节。

稀疏词典的使用要点有:在创建数据库时引用稀疏词典;稀疏词典被引用后,一般不允许再对该词典进行维护,除非重新创建数据库的索引;稀疏词典一般单独使用;稀疏词典中的词汇既可以是任何词汇,包括由字母和数字组成的词汇。

主题词典:主题词典又称为叙词表,它是一种语义词典,由词及其各种关系组成,能反映某学科领域的语义相关概念。TRS 全文检索系统支持 ANSI Thesaurus 标准(239.19-1980)所规定的全部13种词间关系是族首词、上位词、下位词、等同词、替代词(用代词)、相关词、缩略词、被缩略词、组合概念、历史注释、范围注释、外文等同词、后组配概念。这些关系完全包括了中国《汉语主题词表》的"用、代、属、分、参"结构。

在 TRS 全文检索系统中,主题词典是一种特殊的数据库,其最大规模与一般的数据库相同。主题词典主要用于检索时的后控制和标引时的自动或辅助选择索引词,是提高查全率和查准率、实现多语种检索和智能化概念检索的重要途径。为此该系统定义了与主题词关系相对应的函数以便能在检索表达式中引用词典中的各种关系。在检索表达式中,我们可以使用与主题词典有关的检索函数调用相关的主题词。

主题词典的使用要点:在数据录入时,利用主题词可进行正确性校验或选择规范化的主题词进行标引,或进行上位词的自动录入。

在检索过程中,可根据主题词表中的词间关系实施交互式的导航检索过程,或选择相关的主题词进行检索。利用主题词典函数,或自动扩展功能进行多语种和智能化概念检索。

同义词典:同义词典是对主题词典中替代关系的扩充,以实现范围更大和意义更广的同义词扩展检索,以提高查全率,是 TRS 系统完成智能化检索的又一种手段。例如,假设在同义词典中"计算机"的同义词为"电脑",那么在使用该同义词典对"计算机"进行扩展检索时,所有包含"计算机"或"电脑"的文献将被检索出来。

在主题词典中,有一些关系(如替代、缩略等)也具有"同义词"的含义,这些关系与同义词典的区别在于:主题词典中的主题词及其关系是经过严格控制的,一般不能随意地加以变动。而同义词典则没有这么严格,可以比较随意地进行增加、删除和修改等维护。主题词典中一般只收录概念词,不收录或很少收录专用名词,如人名、机构名等,这些词应在同义词典中定义。

同义词典的使用要点有:通过浏览同义词典进行词汇的交互式选择完成检索。利用同义词典函数,或自动扩展功能进行智能化概念检索。在 TRS 全文检索系统中,同义词典是一种特殊的数据库,所以其规模能够达到一般数据库的所能达到的规模。同义词典的内部结构非常简单,一般不需要了解。为了便于引用同义词典,该系统定义了一个同义词典函数,通过该函数可在指定的同义词典中获取给定词汇的同义词集。与同词典有关的检索函数是 ST,其含义和作为是获得某个词的同义词。

反义词典:反义词典主要用来进行反义词的联想检索,也是 TRS 全文检索系统实现智能化检索的手段之一。例如,假设在反义词典中"拥护"的反义词为"反对",那么在使用该反义词典对"拥护"进行扩展检索时,所有包含"拥护"或"反对"的文献将被检索出来。

反义词典的使用要点如下:通过浏览反义词典,进行词汇的交互式选择完成检索。利用反义词典函数或自动扩展功能进行智能化概念检索。在该系统中,反义词典是一种特殊的数据库,所以其规模能够达到一般数据库的所能达到的规模。反义词典的内部结构非常简单,一般不需要了解。为了便于引用反义词典,该系统定义了一个反义词典函数,通过该函数可在指定的反义词典中获取给定词汇的反义词集。与同词典有关的检索函数是AT,其含义和作为是获得某个词的反义词。

其他词典:在TRS全文检索系统中还有另外三种索引词典,即歧义词典、二元组词典(高频词词典)和单字词典,统称为辅助索引词典。它们是系统的固定资源,具有唯一性,用户不可维护,只能进行系统级的维护。

歧义词典是用在按词索引时决定分词歧义串的正确分词方法的词典。歧义词典一旦改变,所有使用按词索引策略的数据库必须重新建立索引。

二元组词典是用来决定哪些字、词(或字符串)需要与其前后相邻的字、词(或字符串)进行二元组合的词典。对于按词和按字索引,TRS使用不同的二元组词典。当按词二元组词典被改变时,所有使用按词的二元组索引策略的数据库必须重新建立索引。当按字二元组词典被改变时,所有使用按字的二元组索引策略的数据库必须重新建立索引。

单字词典是用来决定按字索引时,哪些字需要单独建立索引的词典。TRS的按字索引,基本上不能把单字作为其索引的入口(键值),但某些字具有单独查询的意义,这些字就存储在单字词典中。单字词典一旦改变,所有使用按字索引策略的数据库必须重新建立索引。如果一个数据库引用了系统中"全字词典",则单字词典将不起作用。

四、信息索引技术

索引是实现快速检索的基础,所有对数据库的查询操作都是在相应的数据库索引上进行的。在TRS全文检索系统中,作为检索入口的数据库字段必须建立一定的索引,否则该字段上的值不能被检索。

(一)信息索引策略

对于字母文字,TRS全文检索系统总是按"单词"进行索引,但对于表意文字(中文、日文、韩文)TRS全文检索系统则有四种类型的索引策略:按词检索的索引策略、按字检索的索引策略、按用户自定义关键词的索引策略以及二元组索引策略。在实际应用中,采用何种索引策略主要取决于数据的特点、检索的需求和系统的资源等。不同的策略,所需的索引词典也不尽相同。

按词索引策略:内嵌的自动分词系统是TRS全文检索应用中的领先技术,使得TRS在国内外同类全文检索系统中独具特色。对大多数全文检索应用来说,按词索引是首选的索引策略。

按词索引策略的优越性在于:检索的准确率即查准率高。如果采用按词索引策略,则在检索"华人"时,那些仅包含"中华人民共和国"的记录不会被检索出来。查询的速度快:测试表明,在大型数据库上,按词索引的查询速度要比按字索引(不进行二元索引)的查询速度快5~10倍。空间膨胀率低:由于一个词通常包含了多个字,这样按词索引就大大减少了索引量,再加上停用词典的使用,索引文件的空间膨胀率比按字索引的小50%~100%。按词索引是实现智能概念检索的基础。由于所有辅助知识词典(如主题词典、同义词典、反义词典等)都是基于词的,而不是基于字的,所以只有按词索引,才能进行概念检索。按词索引策略的不足在于词典维护后数据库一般需要重新进行索引。由于表意文字的词与词之间没有语法上的分隔符,即使自动分词的准确率再高,也不可能达到100%的正确,再加上自然语言本身的复杂性,有些歧义人工也难以在单个句子中进行正确分词(必须根据上下文句子的语义才能判断),因此对检索会有一定的负面影响。使用按词索引策略的方法是:为数据库指定相应的分词词典(全字词典除外)、附加分词词典,或者一部稀疏词典。

(二)按字索引策略

如果数据是文言文或数据库规模很小,可采用按字索引策略。按字索引策略的主要优点:不需要自动分词系统,实现相对简单。没有自动分词的错误,查全率较高。然而,按字索引策略的不足也是显而易见的,按词索引策略的所有优点均是按字索引策略的致命缺点,所以除非需要百分之百的查全率,而不惜牺牲查准率,一般情况下不使用按字索引策略。由于传统意义上的按字索引策略的查询速度太慢,这里的按字索引实际上是一种二元组索引。使用"不需要检索单字"的按字索引策略的方法:数据库不指定任何分词词典、附加分词词典和稀疏词典。在数据库使用按词索引策略的前提下,将需要按字索引的字段的混合索引模式指定为"禁止词模式"。使用"允许检索单字"的按字索引策略的方法:为数据库指定分词词典为全字词典。在数据库使用按词索引策略的前提下,将需要按字索引的字段的混合索引模式指定为"禁止词模式",并开启该字段的全字索引开关。

(三)按关键词索引策略

按关键词索引实际上是一种抽词,索引技术是在按词索引策略的基础上只抽取其中的某些词进行索引。所有需要索引的关键词构成一部稀疏词典。一般对专用领域的文献可采用这种索引策略。

按关键词索引策略兼有按词索引策略的优点,并且具有更低的空间膨胀率和更快的检索速度。但由于按关键词索引策略只对"关键词"进行了索引,这样就不能像按词索引策略那样可以用任意的自由词进行全文检索,而只能对"关键词"进行检索。

(四)二元组索引策略

二元组索引策略是指在按词索引时对高频词进行二元组合,或者在按字索引时对高频字符串进行二元组合。有分词词典或附加分词词典的二元组索引称为按词二元组索引;反之,如果既没有分词词典,也没有附加分词词典,则称为按字二元组索引。由此可见二元组索引策略并不是一种独立的索引策略,它是按词索引策略和按字索引策略的扩展。二元组索引还依赖于二元组词典(高频词词典),不同的数据库语言对应不同字符集的词典,如果数据库语言与系统主字符集不一致,则必须通过一次与数据库语言一致的系统升级来自动创建所需要的词典。

二元组索引策略的最大优势是在数据库中对含有高频词(字符串)的短语的查询时,速度有显著提高。但这种索引策略的缺点也同样明显:一是空间膨胀率较高,尤其是对于小数据库;二是装库速度要比单独的按词或按字索引策略慢得多。对于小数据库,即使没有二元组索引,其查询速度也很快,所以完全没有必要使用这种策略。

特别地,按字二元组索引有两个级别:字之间的二元组索引(一级二元索引)和高频字符串(即一级二元组)与字之间的二元组索引(二级二元索引,实际上是三元索引,但由于不是所有的字都进行三元索引,所以这里只把它看成二元索引的一种优化扩展)。第一级按字二元组索引策略就是按字索引策略(因此,并不是所有的字都能单独查询,如果需要能够检索所有的单字,可以给数据库指定系统中的"所有汉字词典"作为分词词典),而这里所说的按字二元组索引就是指第二级按字二元组索引策略。二元组索引策略的选择不是通过词典的选取来决定的,而是通过数据库的二元组索引开关来决定的。

索引属性分为两类:位置索引属性和格式索引属性。如果索引属性中包含了格式索引属性,则此种索引就称之为全息索引。位置索引属性:位置索引属性是 TRS 的传统索引属性,用来标明一个索引项在文本数据中的自然位置,通常包括所在的段落;所在段落中的句子;所在句子中的位置。位置索引属性隐含在文本中,不需要显式的标注,是通过分词系统自动提取的。

位置索引属性的目的之一就是位置限定运算,如在检索"国际大师"时,"国际艺术大师"中"国际"与"大师"不会命中,因为这里隐含了"国际"与"大师"在位置上必须相邻的限定要求。这只是其中的一种隐式的位置限定运算,位置限定运算还可以通过相关的运算符显式地指定。位置索引属性的另一个目的是为检索结果提供准确的命中点。

TRS 全文检索系统只支持三种位置索引属性,SEG(段落)、SEN(句子)和 POS(位置)。"段落"的提取规则是:换行符后面如果还是换行符,或者是空白符,则认为是一个段落的结束;"句子"的提取规则是:当遇到"句号""逗号""分号""问号"或者"叹号"时,认为是一个句子的结束。"位置"的提取规则是:一个表意字符占一个位置;一个字母单词占一个位置;一个数字符串占一个位置;所有的空白符被忽略;其他符号占一个位置。

在位置索引属性中,除 POS 外,SEG 和 SEN 都不是必需的,在存储的索引中,SEG、SEN 和 POS 都用两个字节表示,对于前三种组合基本足够,但在只有 POS 属性的情况下,对于超长文本则会丢失一些索引信息,从而导致漏检,因此增加一种位置属性 POS4,表示"位置"用四字节存储,但 POS4 与 SEG 或 SEN 组合时等价于 POS。

必须特别注意的是:对于一些不规则的文本,一个"字片"可能会被"段落"规则所打断,无论是采用按"词"索引还是采用按"字"索引,都无法检索到,从而影响查全率。要使这样的"字片"也能够检索到,其唯一途径是不定义"段落"位置索引属性。

格式索引属性:格式索引属性是用来标明一个索引项在格式文本中除位置索引属性外的其他所有属性。格式索引属性对纯文本没有意义,必须进行显式地标注,也就是说格式索引属性只对格式化的文档有用,例如,XML、HTML、RTF格式等。

格式索引属性的唯一目的就是在检索时用来限定检索目标,以保证所命中的检索结果能够满足用户对检索目标所具有的格式要求。

与位置索引属性的提取需要分词系统一样,格式索引属性的提取也需要有相应格式文档的分析器,例如,对XML文档,需要XML分析器;对RTF文档,需要RTF分析器。目前系统只提供了XML和HTML分析器,因此TRS只支持对XML和HML文档进行全息索引。

五、相关度排序技术

信息检索的核心问题就是在文档集中为用户检索出最相关的子文档集,依靠排序算法对检索结果按照相关性进行排序,排序后的结果作为对用户所提出查询的回应信息检索的性能由诸多因素决定,如查询表达式的质量以及索引、词干提取、无义词的停用、查询扩展等技术的应用等,但根本上它是由排序函数决定的,排序函数以某种准则计算文档表示与用户查询表示的匹配程度,并据此做出文档相对于用户的相关性判断,然后将文档按照相对于用户的相关程度降序排列,返回该有序文档列表作为检索的结果。

文献资源的爆炸式增长,造成了检索服务返回的结果集越来越庞大,在这种情况下,要提高检索效果和用户满意度,需要考虑对检索结果进行合理的排序,使用户最希望得到的检索结果记录排在比较靠前的位置,实践证明相关度排序是一个非常具有现实意义的检索技术。举例而言,当用户搜索的关键词为"中国 and 人民"时,按标准余弦公式得出的排序策略,命中点包含为"中国人民"的记录相关度值为1.0,而命中点包含"中国人民"的记录,其相关度值为0.9999而按类余弦公式得出的排序策略,则是出现"中国人民"的记录的相关度值比"中国人民"这条记录的要大。我们有必要根据用户的需求和实际工程应用效果,分析哪种排序方式更趋合理或者是更适合于某种类型的检索情境。

当我们讨论天气预报为什么不准时？其原因归根到底还是检索结果的相关性模型问题。相关性排序问题实质也是模型问题。计算相关度的三大经典计算模型如下：布尔模型，要么相关，要么不相关。向量模型，把文献和用户查询用多维向量来表示，相关度就是这两个向量的夹角余弦。概率模型，试图在概率的框架下解决信息检索的问题。

经典模型的简单比较，一般而言，布尔模型被认为是效果最差的，其主要问题在于不能识别"部分匹配"。概率模型是否优于向量模型，至今仍存在争论。Croft 做了一些实验并指出概率模型能产生较好的检索效果。Salton 和 Buckley 所做实验反驳了这种说法，并指出：对于一般集合，向量模型预期比概率模型的检索效果更佳。后一种观点在研究者、开发者以及向量模型普及率很高的 Web 团体中占主流地位。

大多数搜索引擎使用了布尔模型或向量模型的变形来进行排序。有些新的排序算法也使用了超链接信息，这是 Web 和标准 IR 数据库之间的一个重要区别。一个例子就是 PageRank，它是 Google 所使用的排序算法的一部分。PageRank 模仿一个用户随机浏览过程，跳转到一个随机页面上的概率为 q，或沿着一个当前页的随机链接迁移的概率为 1-q。进一步假设这个用户不会回退浏览以前访问过的网页，于是这个过程可以用 Markov 来建模。这样可以计算出每个页面的平均概率，该值可以作为 Google 排序算法的一部分。改进的排序算法还包括具有信息含义的页标题、栏目标题、元数据域以及良好的连接关系。在对算法的改进过程中，有人提出了一个类余弦公式，在实际系统中已得到使用。TRS Server 目前计算相关度正是采用了这一公式。这一公式的优点是一个文档的归一化因子与其他文档无关的。缺点也是归一化因子，他较大程度地抑制了不同词语的词频的不均衡性对结果相关性的影响，而在实际应用中，这种影响可能是重要的，不能被忽视。标准余弦公式则包含了词频均衡性的考虑。

六、检索集群技术

在大规模数据集上进行检索，TRS 全文检索数据库服务器实现了多种提高响应速度的技术，如 Cache 技术、BI-gram 索引技术、SMP 并行处理技术等。如果要进一步提高检索速度，则只有将大规模的数据集，分成几个较小规模的子集,分别加载到分布在多台机器的 TRS 数据库服务器,进行分布式检索;对于大开发的应用,还需要将不同请求分发到不同的 TRS 数据库服务器中,使负载更加均衡。TRS 数据库集群系统既实现了分布式检索的功能,也满足了负载均衡的要求。

TRS 全文数据库集群系统的主要特点如下:透明性。TRS 全文数据库集群系统位于 TRS 应用与 TRS 全文数据库服务器之间,在远程过程调用层截获 TRS 应用的请求提供服务。对于客户应用系统而言,通过集群服务器进行检索,不需要做额外的工作,与直接在数据库服务器上进行检索具有相同的程序结构和流程,所有的后台服务器对应用来说好像是一台"强大"的服务器,无须关心了解后台服务器的类型以及相应的访问方法。

兼容性:TRS 全文数据库集群系统和 TRS 数据库服务器具有相同的检索功能和应用程序接口。一个客户应用程序既能与 TRS 数据库服务器直接相连,也能与 TRS 数据库集群系统进行连接。

可扩展性:TRS 全文数据库集群系统是一种混合型的集群系统,具有分布式检索和负载均衡两重特性,在保证系统低复杂性的同时,也保证了整个系统结构的灵活性,既支持数据规模(分布式检索)的扩展,也支持并发规模(负载均衡)的扩展。具有良好的伸缩性。TRS 全文数据库集群系统还支持多级架构,能大大提高系统的扩展能力以支持大规模系统。

高可用性:当后台服务器出现故障时,集群能够自动检测,不再将后续的请求发往该后台服务器,当检测到该服务器恢复服务时,集群又能自动地向它分发请求。负载均衡模式下,在任何一个后台服务器组里,如果出现系统故障,只要还有一台后台服务器能正常提供服务,就不会影响该组的服务;分布式模式下,如果有某个组的服务器全部故障,仍能返回其他可用组的服务结果。这里说的故障通常指手工关闭服务器,断电等系统故障导致连接不上的情况。

集群带来了性能的提升,TRS 数据库集群的查询性能主要取决于后台服务器的性能,在千万级记录的数据库上,也能获得亚秒级查询速度。实际查询速度和很多因素有关,包括硬件平台、用户数、数据库规模、检索条件的复杂性等。

第二节 文献资源特点及检索需求

图书馆电子文献资源包括各类不同基础文献类型、分布在不同平台、采用了不同文件格式、使用了不同数据结构的电子资源,在搭建检索平台有效和高效地利用这些资源之前,需要对它们的特点进行分析。

对文献资源检索的意义在于全面、准备的获取相关信息,任何遗漏、偏差和错误的检索结果都是破坏检索目标的因素。

一、文献资源特点

(一)文献资源异构性特点

文献资源的异构性表现在运行的硬件平台、使用的操作系统、使用的通信网络、采用的资源架构标准以及阅读格式等各个方面。常见的文献资源类型有:馆藏资源、商业数据库、自建特色数据资源、本地镜像资源、光盘镜像、远程网络资源。

其中馆藏资源目前已从传统的纸质文献转向电子文献,在全国高校图书馆系统中,电子文献资源所占的比重越来越高,未来的发展可能会全部由电子文献替代。馆藏资源中的图书、期刊等文献通过各种应用系统实现集中管理,积累了相当数量的文献元数据及流通信息,这些可作为文献资源统一检索的数据来源。

商业数据库是由专门的企事业单位集中维护管理,可将这类数据库系统部署到高校图书馆的IT系统中,供师生共享查阅。商业数据库是当前图书馆数字文献的主要利用方式和途径,不同的数据库系统中存储着格式各异、结构不同、存储不同、表现和利用不同的文献数据,这些资源也可成为文献资源统一检索的最重要和主要的数据来源。

高校的特色专业可形成极具特色的自建数据库,这些数据由相关专业的专家或专职人员进行数据的维护与管理,对这些极具利用价值的自建数据,其分享和利用可将其价值最大化,因此检索和发布的需求显得十分迫切,这部分数据也亟待成为数字资源统一检索的重要数据源。

本地资源镜像的形成包括商业和非商业因素的文献资源推广与利用,

部分商业数据库采用这种方式实现中心与节点间,数据的同步更新,这部分数据也是文献资源检索的主要数据来源。各类图书的随书光盘和多媒体资源的出现使得光盘资源得到了很大的发展,这部分资源因其交互方式友好、内容丰富,满足了更多人的使用习惯,并能有效激发学习兴趣,成为数字文献中不可或缺的一部分。

远程网络资源利用网络的优势,实现了在更大范围内的资源共享与利用,这种方式不依赖于本地系统,数据的更新自动、及时,也是数字资源的重要组成部分,但这部分的资源在统一检索应用中只能通过网络协议从应用层解决集中统一利用和分享的问题,当然这也是在具备良好的网络条件的未来将会大力发展的一种资源利用与共享方式。

文献资源的异构性表现在各个方面,在进行统一检索系统设计实现过程中,我们将根据实际情况,全局规划,统筹设计,将不同文献的异构特性进行总结提炼,归纳出具有代表性的文献资源异构特点,并根据这些特点采取相应的整合方式和手段。

(二)文献资源元数据特点

文献资源的一个特点是其具体描述这个文献资源的元数据特征。IT技术的发展使得我们更趋向于使用实体对象来抽象出我们要处理的内容,而对这个对象的描述信息,即元数据,就成了IT系统要研究和处理的核心。针对不同类型的文献,其元数据的描述是不一样的,但其利用和传输及统一共享的过程中,我们可统一形成相对全面且固定的描述信息,这就是我们在文献资源统一检索应用中要使用的元数据结构。

大量机构提出了不同的基础元数据结构,其主旨一致但方式稍有不同。最终目的都是致力于从资源的整个生命周期考虑,描述其产生、利用、消亡过程中,对象内容是一个方面,另一个方面则是其作为一个实体具有的一些固有属性。当前有很多针对这个领域的研究成果,本课题研究中主要采用都柏林核心元数据及按中南大学图书馆实际需求相结合的元数据结构。

按文献类型提出不出的元数据结构。以都柏林核心元数据集为基础,再根据目前文献资源系统采用的数据结构进行扩展。采用准确而不失简洁的原则描述资源对象。保留当前文献资源应用系统中已有的要素并预留字段,可按需要进行扩展。①

二、文献资源检索需求

(一)文献资源检索功能需求

基于对文献异构性和元数据特性的分析,并结合当前文献资源访问日志分析结果发现,文献资源的检索利用需求包括了对异构资源的整合检索,检索手段和方式主要包括普通检索、分字段条件的高级检索、对检索结果的二次检索、智能扩展检索等。同时也包括具备人性化考虑的拼音检索,专业化程度高一些的位置检索。对检索辅助功能包括检索词建议、相关词提示、检索结果分类统计等。

普通检索对文献资源统一检索平台的普通检索需求,即提供在不同的元数据仓储中按关键词的检索功能。高级检索:高级检索功能要求有全面和丰富的检索要素以及对检索要素间关系的限制,且检索入口支持不同的数据类型,如文本、日期、数值等,更复杂的还包括对化学公式的检索需求。检索建议:在输入检索词的过程中,系统能提供其他类似检索词的建议及该检索词能返回的结果数量统计,这一点能解决用户对检索词不够明确时提供合理的帮助。

相关词提示:与本次检索使用的关键词,列出与该关键词相关的检索历史,并提供检索链接入口,这个功能能帮助用户快速实现对相关内容的检索,并提供更准确更理想的检索词提示。智能检索包括对等同词、近义词的智能识别等功能。

拼音检索:拼音检索功能提供给那些仅仅知道搜索词的音而不知具体文字的用户,此外也是为了给用户提供一个方便的检索词输入方式,当用户在搜索框中键入英文字母并提交时,搜索引擎会分析输入的内容是否为一个单字或词组的拼音,如果是,搜索引擎会给出相关的中文字词的匹配搜索提示。

用户可以在搜索前调用拼音检索建议功能,来选择正确的中文词组进行搜索,也可以由搜索引擎自动提示并返回最接近的搜索词的搜索命中结果。

位置检索:对于精搜索,可能要指出检索的关键词出现的位置以及多

---

①张波. 信息检索与利用[M]. 西安:陕西师范大学出版社,2016.

个关键词之间的相互位置,这一功能是精确定位检索结果的重要手段。

分类统计:对检索结果按不同分类的结果统计,有助于用户了解检索结果在不同分类的分布情况,同时也是缩小检索结果范围的重要方法。

(二)文献资源检索性能需求

评价文献检索质量的两个最重要的指标是检全率和检准率,还包括易用性、检索手段、响应时间等。

检全率:检全率是指检索结果中与用户需求相关的信息数量与所有与用户需求相关的信息数量之间的比例。检准率则指检索结果中与用户需求相关的信息数量与所有被检索出来的信息数量的比例。对一个检索需求,检全是首先要满足的要求,对检索结果的遗漏和失真能导致用户对信息了解不全面,从而失去准确判断的基础。

检准率:检准率一方面是指搜索到的信息与所需信息相关度高,另一方面是指搜索到的有用信息尽可能全面。检准,实际上是用户对检索的最终目的。易用性:易用性没有明确的计算指标,点击次数、界面展现设计、检索流程步骤都是影响系统易用性的要素。检索手段:精确检索要求有丰富的检索手段,包括对检索要素的要求,对检索提交方式的要求,检索条件的多样性等。响应时间:更短的检索响应时间是每个用户对检索的期望,即使是对某类精确检索,过长的检索时间可能使得检索失去意义。

三、基于TRS技术和产品的文献资源统一检索模式

结合上述文献资源异构性和元数据特性,对文献资源检索的功能与性能需求,基于TRS技术和产品的文献资源统一检索应用框架,如图6-2所示。

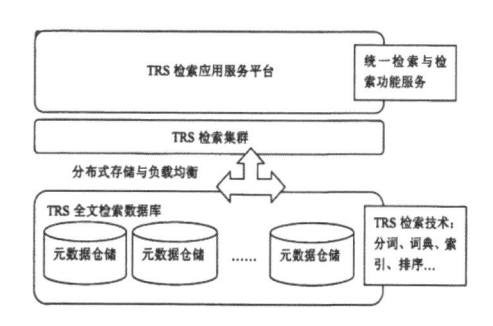

图6-2 基于TRS技术和产品的文献资源统一检索应用框架

使用TRS全文检索数据库平台的信息管理功能,实现对整合后的文献资源元数据的存储与管理维护。使用TRS全文检索数据库平台中的分词、索引与词典技术,以平台内置的分词词典为基础,对文献资源元数据内容进行自动分词,实现更准确的中文内容检索,利用信息索引实现更快速地将检索结果返回。

利用TRS全文检索数据库平台中相关度排序技术,实现对检索结果更加合理准确的排序效果。利用TRS全文检索数据库集群软件,实现对大规模文献资源元数据的存储、检索与应用负载均衡。利用TRS全文检索数据库应用服务器软件,实现对文献资源统一检索平台的检索服务功能。

第三节 文献资源统一检索仓储平台设计

通过对文献资源本身的特点及对检索应用需求的分析,本节根据实际情况对电子文献资源元数据的仓储进行规划与设计。

一、文献资源统一检索元数据仓储系统

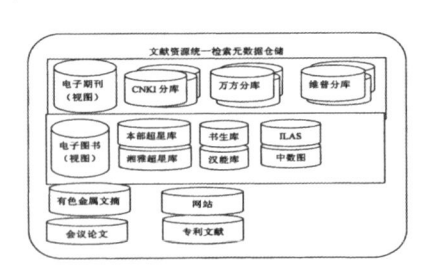

本研究中文献资源统一检索元数据仓储系统以TRS全文检索数据库为基础,不同类型的元数据资源以不同的库区分,如分别建立各类图书、电子期刊、有色金属文摘、会议论文、专利文献、网站等数据表存储相应类型的文献资源元数据。电子文献元数据仓储结构,如图6-3所示。

图6-3 文献资源统一检索元数据仓储

对于数据量巨大的电子期刊数据库,采用分为多库,按照元数据的不同来源厂商,并根据数据量大小,采取一定时间段内的数据存放在同一个表中,并采用统一检索视图的方式实现统一检索,这样设计的好处是便于

增量的维护与更新。对于元数据来源厂商比较多的电子图书数据,也是采用统一的元数据标准进行规范和清洗、集成后,不同来源的元数据存放在不同的表中,再采用统一检索视图实现统一检索,这样设计的好处是便于不同厂商提供的元数据来源数据包,可直接利用工具同步到不同的表中,便于处理和维护管理。①

二、仓储平台元数据规范

数字资源的元数据标准,首要参考了都柏林核心元数据集,简称DC元数据。因为其结构简练,比较容易理解,且具有较好的扩展性,可以与其他元数据格式进行桥接,比较好地解决了网络资源的发现、控制和管理问题。电子资源元数据类型主要包括电子期刊、电子图书、会议论文、专利文献、网站信息等。

(一)电子期刊元数据规范

电子期刊类的元数据标准包括母体文献与期刊单篇,两者之间的关联关系依赖于标准刊号CSSN利用该关联关系,可展现母体文献下各发行卷期中包含的期刊单篇信息。

母体文献信息主要核心元数据包括刊名、主办单位、主编、中国法分类号、学科分类名、期刊发行频率、联系方式、标准刊号、邮发代号、语种等。电子期刊单篇元数据的确定,参考了目前商业期刊数据库,如CNKI、万方、维普等多家数据库的文献结构,并尝试进行整合,合并具有相同意义的字段。

期刊单篇信息主要核心元数据包括题名、责任者、责任者机构、主题、关键词、文摘、母体文献标准刊号、年度标识、卷辑标识、分期标识、栏目名称、页码范围、语种、参照、插图数、表格数、参考文献数等。

(二)电子图书元数据规范

电子图书元数据结构的确定,参考了目前商业电子图书数据库,如超星、方正、书生等多家电子图书资源的数据结构。电子图书主要核心元数据包括题名、并列题名、责任者、责任者机构、主题、中图法分类号、内容提要、出版日期、页码、国际标准书号、语种、版本、价格等。

---

①陈正思.基于TRS信息检索技术的文献资源统一检索平台的构建[D].长沙:中南大学,2011.

(三)会议论文元数据规范

会议论文元数据结构的确定,主要参考了万方期刊数据库中的会议论文数据结构。会议论文主要核心元数据包括题名、替代题名、内容创建者、创建者机构、出版者、主题、关键词、文摘、中图法分类号、资源标识符、会议名、会议届次、会议地点、主办单位、会议召开时间、论文类型、母体文献标识符、国际标准书号、语种等。

(四)专利文献元数据规范

专利文献主要核心元数据包括题名、替代题名、申请人、发明人、代理人、主题词、关键词、国际专利分类号、专利类别、文摘、公告日、申请日、申请号、专利号、语种、专利状态、专利代理机构、申请人地址、国别等。

(五)网站信息元数据规范

网站元数据主要使用在学科资源导航库中,依托于中南大学重点学科,建设相关学科互联网资源的导航库。网站资源主要核心元数据包括题名、替代题名、内容创建者、机构、关键词、学科分类法、学科名、描述、联系方式、登记状态、创建日期、最近更新日期、版权时间、统一资源定位符、语种、站点类型、网站形式、技术支持单位、推荐级别等。

三、图书资源元数据集成

图书类相关资源包括:纸质图书(ILASIII 系统)、电子图书(超星、方正、中数图、书生)、随书光盘(汉能)。目前图书资源的元数据主要保存在各个应用系统的通用关系型数据库中,通过对这些元数据的分析研究,发现其存在以下一些问题:由于多个数据库系统的升级、变更,元数据的变化,整合系统数据和全文地址发生改变;WEB 服务相关链接问题;数据不同步问题;元数据没有规范统一。

四、元数据仓储集群设计

TRS 全文数据库集群技术。在复杂应用环境下,搜索系统的数据规模和访问负载压力是不断增长的,系统需要在软件产品技术方面具有大规模灵活的适应能力。TRS 全文数据库分布式集群技术,不依赖任何第三方软硬件技术和产品,完全基于 TRS 全文数据库集群技术构建,并能够在不影响业务的情况下,根据数据规模和并发访问负载进行灵活扩展。

通过TRS全文数据库分布式集群扩展能力,可以满足系统未来在数据规模和检索负载方面的需求扩展。TRS集群由TRS全文数据库集群服务器(TRS Cluster)构建。TRS Cluster位于TRS ClientAPI和TRS全文数据库服务器之间。保持ClientAPI和TRS全文数据库服务器原有的功能和结构不变,集群服务器在RPC层截获TRS应用的请求(当用户连接到集群服务器时),根据请求的具体类型和相关性,选择调度一个特定的数据库服务器或全部数据库服务器组的任意成员之一执行这个请求,并收集整理服务结果返回给ClientAPI。

TRS集群服务器是架构在多个物理TRS全文数据库服务器之上的分布式管理系统,它支持数据分布以及负载均衡两种基本分布方式,并支持两种方式的组合运用。

"TRS数据库服务器组"内的数据库服务器之间属于负载均衡模式,由集群服务器统一调度,一个服务请求只发往其中的一个数据库服务器。当然,在每个"TRS数据库服务器组"中也可以只包含(也至少有)一个数据库服务器。"TRS数据库服务器组"之间则属于分布式检索模式,一个检索请求需要根据其所包含的目标对象的分布情况,发往其中部分或全部的数据库服务器组。

采用TRS集群服务器可以实现以下目标:实现海量数据的无限扩展。实现高并发用户的高性能访问。实现混合型搜索,满足更加个性化的检索需求,如按字、按词等。实现高可靠性的检索服务(无单点故障)。

TRS仓储集群检索效率:TRS查询速度在千万级记录的数据库上,可获得亚秒级查询速度。实际查询速度和很多因素有关,包括硬件平台、用户数、数据库规模、检索条件的复杂性等,下表给出的查询速度测试结果,是基于一定的测试环境。一级架构。新闻数据库(1000万/2000万/4000万篇)分别在1/2/4台Del12850的集群环境下的查询速度。关键词检索指非结构化数据的全文检索。逻辑表达式指非结构化数据和结构化数据的联合检索。

第四节 文献资源统一检索平台系统实现

通过对元数据仓储的实现及相关检索技术的应用,本节提出基于TRS全文检索服务器及检索应用系统实现文献资源统一检索平台的实现。

一、文献资源统一检索服务平台设计

(一)系统使用的开发环境

J2EE是一种利用Java2平台来简化企业解决方案的开发、部署和管理相关的复杂问题的体系结构。J2EE技术的基础就是核心Java平台或Java2平台的标准版,J2EE不仅巩固了标准版中的许多优点,例如,编写一次、随处运行的特性、方便存取数据库的JDBC API,CORBA技术以及能够在Internet应用中保护数据的安全模式等,同时还提供了对EJB,Java Servlet API,JSP以及XML技术的全面支持。J2EE体系结构提供中间层集成框架用来满足无须太多费用而又需要高可用性、高可靠性以及可扩展性的应用的需求。通过提供统一的开发平台,J2EE降低了开发多层应用的费用和复杂性,同时提供对现有应用程序集成强有力支持,完全支持Enterprise JavaBeans,有良好的向导支持打包和部署应用,添加目录支持,增强了安全机制,提高了性能。J2EE为搭建具有可伸缩性、灵活性、易维护性的商务系统提供了良好机制:保留现存的IT资产、高效的开发、可伸缩性、稳定的可用性。因此J2EE平台是我们开发检索服务平台的理想平台。

很多的IDE工具提供对J2EE的支持,Eclipse就是其中的一个优秀IDE工具。Eclipse是一个开放可扩展的集成开发环境(IDE)。它不仅可以用于Java的开发,通过开发插件,它可以构建其他的开发工具。Eclipse是开放源代码的项目,目前基于Eclipse的插件有很多,借助这些插件可以完成软件开发各阶段的需要。因此在本系统的开发中采用Eclipse作为开发工具。综上所述,本系统的开发平台选择为,开发平台和工具:J2EE+Eclipse。数据库管理系统:TRS Server。应用服务器中间件:Tomcat。

(二)平台功能框架设计

对用户文献资源检索特点与用户检索需求的分析与理解,设计了相应

的功能框架。数据层基于各种不同类型文献资源元数据仓储,通过不同方式的资源整合为统一检索平台提供数据支持。以用户需求、相关参考标准与规范,基于现有的平台产品与应用软件,利用JAVA技术框架,构建统一检索平台。[1]

服务平台采用了TRS信息检索相关技术,主要有中文分词、分词词典、索引技术、相关度排序和检索集群。系统提供普通检索、高级检索、检索建议、相关词提示、智能检索、拼音检索、位置检索及分类统计等检索服务。通过对检索平台检全率、检测准率、易用性、检索手段及相应时间等检索指标的评价,对检索平台进行反馈与调整,形成持续改进机制。

二、文献资源统一检索服务平台采用的技术

(一)基于J2EE架构进行体系结构设计

系统采用基于J2EE架构的多层体系结构设计,作为一个被业界广泛采用的中间件标准,J2EE是开发可伸缩的、具有负载平衡能力的多层分布式跨平台企业应用的理想平台。J2EE的首要任务在于提供一个标准中间件基础架构,由该基础架构负责处理企业开发中所涉及的所有系统级问题,从而使得开发人员可以集中精力重视商业逻辑的设计和应用的表示,提高开发工作的效率。

系统架构上将采用J2EE架构进行设计,能支持多层服务模式,使系统具有很好的框架和灵活性。

多层服务模式设计的好处在于,表现层与业务处理层和数据通信层分隔,在增加一个新的访问渠道时,仅增加渠道驱动,改变内容展示格式,而交易处理和与后台的数据通信及处理不做任何修改。业务层与数据通信层的分隔,可以在业务处理不做大量的改动的情况下,连接到不同的后台。因此,分层设计可以使得系统更加灵活、易于维护。Web服务器只是作为所有服务的访问入口并管理静态的页面,而所有的业务逻辑和后台数据的访问逻辑都交给Web应用服务器来处理,降低了Web服务器的负载,同时有效地将内容服务应用中的表示逻辑,业务逻辑和对数据库的访问逻辑有效地分离开,极大地提高了应用的可扩展性,构造了一个完整的

---

[1]王细荣,吕玉龙,李仁德. 文献信息检索与论文写作 第5版[M]. 上海:上海交通大学出版社,2015.

三层次或多层次应用；同时由于 Web 应用服务器在可靠性、可扩充性、可用性等方面的优势，保证了整个应用系统的总体可用性。J2EE 有效地满足了行业需求，提供独立于操作系统的开发环境。基于 J2EE 的应用系统灵活且易于移植和重用，可运行在不同厂家的 Web 服务器上。更为重要的是，J2EE 是一个开放体系，完全有能力适应未来技术的进步和发展。

（二）采用浏览器/服务器（B/S）分层架构

多层服务模式设计的好处在于，表现层与业务处理层和数据通信层分隔，在增加一个新的访问渠道时，仅增加渠道驱动，改变内容展示格式，而事务处理和与后台的数据通信及处理不做任何修改。

B/S 三层架构也是随着技术的发展，以往传统客户机/服务器模式的弊端逐渐显现，在这一环境下应运而生的，其优点如下：将复杂的业务逻辑封装起来，使传统的面向对象提高到一个新的层次，在一个组件中实现一个服务使得业务需求改变时的维护得到了简化；独立于程序设计语言，与具体语言无关；减少项目风险。

基于服务的概念开发的组件，将公共业务逻辑作为企业对象从用户界面和数据层中分离出来，提高了组件的可重用性。基本模式分为：表现层——业务层——数据层。

表现层：表现层就是人机界面，与传统的应用程序没有什么区别，但是，该层中的业务逻辑减少了。

业务层：业务层也叫事务逻辑层或中间层。这一层主要用于大批量事务处理、事务支持、大型配置、信息传送和网络通信。在这一层，把复杂的业务关系细分为多项功能单一的服务，每项服务都执行一项特殊任务，这些服务可以用相对独立的服务组件来实现其功能。通过分布这些组件，可以平衡数据处理负载，协调逻辑关系，调整业务规模和业务规则。这一层可部署在网络的任何地方，通常称之为应用服务器。

数据层：就是传统的数据服务器，如 SQL Server、Oracle 等。在这种体系结构下，传统的表现层和数据层的业务逻辑，都将集中到业务层管理。这样增加了客户端应用程序的通用性、独立性，也避免了数据层臃肿的存储过程和触发器。另外，也减少了软件配置和版本更新的困难，只需要配置和更新业务层就够了。

采用这种架构，系统的二次开发将在中间的业务逻辑层中实现。系统功能的实现将以数据库为基础,采用通用的JSP技术加以实现,该技术是比较成熟的技术,实践证明者该技术是安全可靠的。

从上述的三层结构中,可以看到:最终用户是不能直接操作系统的数据层,因此,数据层的安全性能够得到一定的保障。除此之外,按上述三层结构设计的系统具有较好的扩展性随着业务的拓展,可以很方便地在必要的层面中添加相应的应用,实现系统功能的扩展。在B/S多层体系结构中。客户端只需符合要求的通用浏览器,就可以使用所有服务,节省了客户端软件安装和维护成本,从而有效降低部署费用。

客户端不再直接访问数据库,而通过中间业务逻辑层实现代理服务,从而可以方便地进行数据库和业务逻辑组件进化,各层次组件之间可以独立变化。

多层结构可以方便地管理外部资源,各组件之间通过服务接口互相协作,可以使用各种优化技术提高资源和服务的利用率,典型的应用是资源池优化技术。错误和性能降低局部化,单独组件模块的错误和超载被最大限度地限制在本模块内部,维持整体服务的可用性。

(三)使用组件技术和模块化构造

组件是独立于特定的程序设计语言和应用系统、可重用和自包含的软件成分,这些软件成分可以很容易地被组合到更大的程序当中,而不用考虑其本身的实现细节。在一个系统中,组件是一个可替换单元,因此,软件系统更易于开发且具有更大的灵活性。

组件技术是在面向对象的开发技术基础上发展起来的,可以说是面向对象技术在系统设计级别上的延伸。与面向对象技术相比,组件技术继承了面向对象的封装性,而忽略了继承性和多态性。组件是对象有机结合,不需要关心组件中的对象和实现细节。组件有其固定的特征,即软件重用和互操作性、可扩展性、组件接口的稳定性和组件基础设施稳固性,而且无论是静态还是动态的引用都可以稳定地提供组件的功能和接口。

同时系统采用模块化构造,具有良好的开放性、可扩展性,可以根据业务拓展需求不断进行调整、组合、开拓新功能。

三、文献资源统一检索服务平台实现

统一检索功能:统一检索实现对输入的关键词,在相应类型文献资源元数据库中进行检索,检索的位置包括全部字段、标题、关键词、摘要、作者、第一作者、单位和刊名等。检索词实时提示功能:在用户输入检索词时,系统可以根据用户输入的检索词,自动提示词库中以该词作为开始的所有检索词。这些检索词保存在内置数据库中,可以使用管理台的"提示词维护"功能对词库进行维护。检索词实时提示一般出现在主页、概览页面等含有检索框的页面中。

第七章 图书馆文献资源检索与利用之文献信息资源共享系统构建

第一节 关键技术概述

通过对基于GIS的图书馆可视化检索系统的设计与实现的需求分析，系统在实施过程中主要包括用到了GIS、XSLT等关键技术。系统设计过程中，主要应用了OGSA发现机制等方案，本节将从设计与实施两个方面阐述系统设计理论。

一、设计中的关键问题

（一）软件工程理论

1.软件工程概述

软件工程是一门研究如何以系统性的、规范化的、可定量的工程化的方法开发和维护软件的学科，如何把经过以往工程化方法证明正确的管理技术和当前能够实现的最好的技术方法结合起来。软件工程强调使用软件的生存周期方法学和各种结构分析及结构设计技术。

软件工程强调使用生存周期方法学和各种结构分析及结构设计技术。软件工程采用的生存周期方法学就是从时间角度对软件开发和维护的复杂问题进行分解，把软件生存的漫长周期依次划分为若干个阶段，每个阶段有相对独立的任务，然后逐步完成每个阶段的任务。

2.软件工程框架

（1）软件工程目标

生产具有正确性、可用性以及开销合宜的产品。正确性指软件产品达到预期功能的程度。可用性指软件基本结构、实现及文档为用户可用的程度。开销合宜是指软件开发、运行的整个开销满足用户要求的程度。这些目标的实现不论在理论上还是在实践中均存在很多待解决的问题，它们形成了对过程、过程模型及工程方法选取的约束。

(2)软件工程过程

生产一个最终能满足需求且达到工程目标的软件产品所需要的步骤。软件工程过程主要包括开发过程、运作过程、维护过程,它们覆盖了需求、设计、实现、确认以及维护等活动。需求活动包括问题分析和需求分析,问题分析获取需求定义,又称软件需求规约。需求分析生成功能规约,设计活动一般包括概要设计和详细设计。概要设计建立整个软件系统结构,包括子系统、模块以及相关层次的说明、每一模块的接口定义。详细设计产生程序员可用的模块说明,包括每一模块中数据结构说明及加工描述。实现活动把设计结果转换为可执行的程序代码,确认活动贯穿于整个开发过程,实现完成后的确认,保证最终产品满足用户的要求。维护活动包括使用过程中的扩充、修改与完善,伴随以上过程,还有管理过程、支持过程、培训过程等。

软件工程的原则是指围绕工程设计、工程支持以及工程管理在软件开发过程中必须遵循的原则。包括以下四条基本原则:选取适宜的开发模型;采用合适的设计方法;提供高质量的工程支撑;重视软件工程的管理。

(二)Service-Oriented Modeling and Architecture

SOMA是Service-Oriented Modeling and Architecture的英文缩写,面向服务的建模与体系结构。SOMA是IBM公司为了适应B/S结构的网络开发模式,提出的面向服务的分析和设计架构方法,它主要包括服务发现、服务规约等。在SOMA的演变过程中,曾经出现了两个独立的设计方案。第一个是RUP for SOA,顾名思义,第一种设计方案是作者基于SOA的基本理论和基本方法论设计完成的,是真正意义上的SOA的衍生物。在最初,第一种设计方案是以一种SOA插件的形式提供给软件开发者的。第二种设计方案是IBM公司面对全球服务业的发展形成的。IBM的GBS通过顾客咨询服务过程中,积累了丰富的经验,最终以成熟的产品形式提供给用户,取名为SOMA。后来经过开源浪潮和信息化变革,两种方案被IBM公司有效地结合起来,最终形成了今天切实可靠的SOMA。当今SOMA已经变成了客户使用的成熟产品,受到越来越多的用户的青睐。在实际的开发过程中,SOMA被认为从业务角度讲其为一个定义的、封装的、可复用的、具有明确流程关联的服务。

在实际开发过程中,SOMA 充分考虑了开发周期的问题,在设计之初,由于项目涉及的业务能力和范围尚未确定,SOMA 面向服务,约定服务首先被指定为候选,这样可以极大地节约开发周期。随着开发的进一步推进,SOMA 要求将逐渐明朗的业务需求按照软件工程的周期要求逐步实现出来。最终完成整个项目的设计和开发工作。在 SOMA 设计过程中,服务被定义为组件提供的供用户调用的可执行代码单元,从定义不难看出,在 SOMA 中,服务被看作是一个元素。在服务实现过程中,服务职能通过协议进行控制和调度,从功能模块的角度来说,服务业就是通常所说的软件实体。是基于消息通信的松散耦合的应用程序。

在传统的建模设计过程中,我们常用的有面向对象的分析设计方案、流程图为基础的机构化设计方案、以组件为基础的组件设计方案、J2EE 基础的企业架构方案。但是这些方案并不能解决面向业务服务的程序设计需求。在实际开发过程中,网络服务并没有一定的规范,同时还要面对很大程度的插件等安全控制服务事件。每个业务组件都有不同的规范和工作方式,每个业务组件均要占用大量的运行资源和运行轨迹,因此常用 SOMA 完成基于服务的设计具有重要的必然性。

在方法论的指导下,以相似的方式应用在不同大小范围的企业业务流程中,不同的组件工作模式以不同的状态展现在 SOMA 设计的各个阶段,符合业务设计详细程度和精度的要求。同时,当今出现的服务需求大多依赖于外界媒体,如前端展现浏览器、操作系统、后台数据库实现以及组件类型的。这些都给程序设计带来了很大的难以估计的风险。因此,在实际设计过程中,将业务分解为粒度较小的服务,按照各个服务的功能域进行设计,伴随着业务数据的不断暴露,逐步完成业务功能设计和开发工作具有重要的参考意义。

(三)Service 实现 SOMA

实践证明,Web Servicee 是目前最符合 SOMA 开发要求的一种技术。当今软件开发领域,SOMA 非常受欢迎,究其原因,本人看来都是因为 Web Servicee 在各个方面的应用造成的。综合 SOMA 和 Web Servicee 各个方面的应用以及其自身的需求分析可以看出,Web Servicee 具有以下几个方面的特点是 SOMA 发展所必需的。

第一,就功能模块而言,Web Servicee 是一个独立的功能单元,也可以称为独立的功能元素。通过 Web Servicee 自身的目录查找方式,开发者可以自由变更服务的提供方而无须进行大量的应用程序注册。所有的数据通信和访问控制均是通过 SOAP 协议进行的,只要在设计过程中,将数据信息完整地封装到 WSDL 接口内,这些数据将是完整、安全、可靠和独立的,任何木马和病毒等外面客体均是无法访问这些数据的,这些属性决定了,这种协议是访问客户端数据封装的不二选择。

第二,数据在通信过程中,严格遵循数据最低访问频度的要求。通过使用 WADL 和基本的 SOAP 请求,我们可以实现在实际数据输出过程中,一次传输的数据量非常大,这样必然减少了数据传输的次数,也就减少了数据传输的频度。SOAP 与其他的协议不同的是,SOAP 请求访问分为文本模式和远程调用模式两种。远程调用模式是 SOAP 在远程传输过程中,并不能适当地进行文本循环校验,从而很难保证数据的完整性和正确性。因此这种方式的调用并不满足实际要求。文本传输模式要求 Web Servicee 将所有的数据信息进行 SOAP 打包操作。在实际过程中,SOAP 严格意义是一种基本的规格化标记语言,这要求 SOAP 在数据打包过程中,遵循文档类型定义协议对数据根据上下文环节进行严格意义上的类型控制和协议控制。

SOAP 协议要求消息传输从发送端到接收端实现真正意义上的单向传输,从而实现请求应答模式。所有的 SOAP 协议数据均是首先将 SOAP 数据进行封装,然后安装 XML 格式进行文档类型定义书写,然后进行数据发送和管理。

Web Service 技术是建立在面向框架的开源应用标准,而 SOMA 是面向服务的标准。从本质上讲 Web Service 是一种类型的 SOMA 框架,可以实现信息数据的打包传输等实际问题,通过 XML 的规约,保证了数据安全和数据共享,并在此基础上实现了信息有效整合和面向服务的实际问题的解决方案。Web Service 在面向服务的体系结构方面提供了非常有效的手段。在实际的工作过程中,Web Service 通过开源协议进行服务请求和服务注册,在实际的运作过程中,主要是遵循以下三个步骤进行的。如下图 7-1 所示。

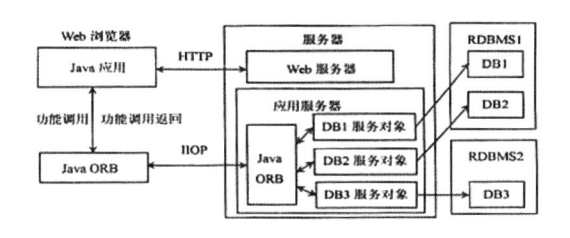

图7-1 web Service

发布操作,按照XML的有关规定,服务首先必须由服务发起者发布操作,并同时向服务代理商进行功能注册和端口注册。查找操作,通过UDDI的功能定义,对各个注册功能和注册端口进行特定服务查找,并对实际程序进行打包操作。绑定操作,在数据传输过程之前,首先对各个服务进行绑定,从而实现了服务请求者能够真正获取服务使用的权限,从而真正保证了数据的安全。[①]

二、实现中的关键问题

(一)基于OGSA的数据库资源发现机制

OGSA被称为是下一代的网格体系结构,它是在原来"五层沙漏结构"的基础上,结合最新的Web Servicee技术提出来的。OGSA包括两大关键技术即网格技术和Web Servicee技术。随着网格计算研究的深入,人们越来越发现网格体系结构的重要。网格体系结构是关于如何建造网格的技术,包括对网格基本组成部分和各部分功能的定义和描述,网格各部分相互关系与集成方法的规定,网格有效运行机制的刻画。显然,网格体系结构是网格的骨架和灵魂,是网格最核心的技术,只有建立合理的网格体系结构,才能够设计和建造好网格,才能够使网格有效地发挥作用。

在实际的开发和应用过程,为了实现受理信息的实时汇报和数据打包以及上报,本系统增加了适用于动态分布数据库Query数据库,即所谓的超级注册中心。这个注册表有很多关键性质。XQuery考虑了功能强大的搜索,这一点对于许多应用程序来说非常关键。数据库状态维护基于软状态,这来源于大量分布的科研工作者的可靠、可预测和简单的内容集成。信息链接、信息缓存和一个混合拉推机制通信模型估计了广泛的动态资源更新策略。

[①]王建雄,林昱.图书馆信息平台的理论基础与技术开发[M].沈阳:沈阳出版社,2018.

超级注册中心具有一个数据库,其中保存了一个元组集合。一个元组可能含有一条任意的内容,内容的例子包括以 WSDL 表达的服务描述、服务质量的描述、一个文件、文件副本位置、当前网络负载、主机信息等。元组由资源链接注解,这个链接指向所含资源的权威数据源。

(二) XSLT

XSLT 根据 W3C 的规范说明书,最早设计 XSLT 的用意是帮助 XML 文档转换为其他文档。但是随着发展,XSLT 已不仅仅用于将 XML 转换为 HTML 或其他文本格式,更全面的定义应该是:XSLT 是一种用来转换 XML 文档结构的语言。XSLT 用于将一种 XML 文档转换为另外一种 XML 文档,或者可被浏览器识别的其他类型的文档,比如 HTML 和 XHTML。通常,XSLT 是通过把每个 XML 元素转换为(X)HTML 元素来完成这项工作的。通过 XSLT,您可从输出文件添加或移除元素和属性。同时也可重新排列元素,执行测试并决定隐藏或显示哪个元素。描述转化过程的一种通常的说法是,XSLT 把 XML 源数转换为 XML 结果树。

XSLT 使用 XPath:XSLT 使用 XPath 在 XML 文档中查找信息。XPath 被用来通过元素和属性在 XML 文档中进行导航。在转换过程中,XSLT 使用 XPath 来定义源文档中可匹配一个或多个预定义模板的部分。一旦匹配被找到,XSLT 就会把源文档的匹配部分转换为结果文档。XSLT 是 W3C 标准:XSLT 在 1999 年 11 月 16 日被确立为 W3C 标准。如下图 7-2 所示为 XSLT 开发关系结构图。

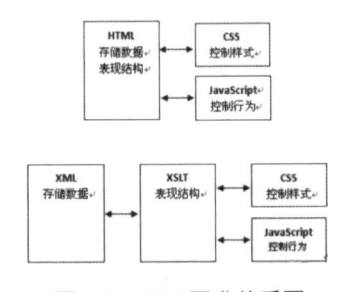

图 7-2　XSLT 开发关系图

XML 是一种电脑程序间交换原始数据的简单而标准的方法。它的成功并不在于它容易被人们书写和阅读,更重要的是,它从根本上解决了应用系统间的信息交换。因为 XML 满足了两个基本的需求。

将数据和表达形式分离。就像天气预报的信息可以显示在不同的设备上,电视、手机或者其他,在不同的应用之间传输数据。电子商务数据交换的与日俱增使得这种需求越来越紧迫。为了使数据便于人们的阅读理解,需要将信息显示出来或者打印出来,例如,将数据变成一个HTML文件,一个PDF文件,甚至是一段声音;同样,为了使数据适合不同的应用程序,必须有能够将一种数据格式转换为另一种数据格式,比如需求格式可能是一个文本文件,一个SQL语句,一个HTTP信息,一定顺序的数据调用等。而XSLT就是用来实现这种转换功能的语言。将XML转换为HTML,是XSLT最主要的功能。

XPath是XSLT的重要组成部分,XPath了解一下XSL系列的"家族"关系。XSL在转换XML文档时分为明显的两个过程,第一转换文档结构;将文档格式化输出。这两步可以分离开来并单独处理,因此XSL在发展过程中逐渐分裂为XSLT(结构转换)和XSL-FO(格式化输出)两种分支语言,其中XSL-FO的作用就类似CSS在HTML中的作用。而这里重点讨论的是第一步的转换过程,也就是XSLT。

XML是一个完整的树结构文档。在转换XML文档时可能需要处理其中的一部分(节点),数据何时超找,如何查找和定位XML文档中的信息呢,XPath就是一种专门用来在XML文档中查找信息的语言。XPath隶属XSLT,因此通常会将XSLT语法和XPath语法混在一起说。用一种比较好理解的解释:如果将XML文档看作一个数据库,XPath就是SQL查询语言;如果将XML文档看成DOS目录结构,XPath就是cd,dir等目录操作命令的集合。CSS同样可以格式化XML文档,那么有了CSS为什么还需要XSLT,因为CSS虽然能够很好地控制输出的样式,比如色彩、字体、大小等,但是它有严重的局限性。

CSS不能重新排序文档中的元素;CSS不能判断和控制哪个元素被显示,哪个不被显示;CSS不能统计计算元素中的数据。换句话说,CSS只适合用于输出比较固定的最终文档。CSS的优点是:简洁,消耗系统资源少;而XSLT虽然功能强大,但因为要重新索引XML结构树,所以消耗内存比较多。将它们结合起来使用,比如在服务器端用XSLT处理文档,在客户端用CSS来控制显示,可以减少响应时间。

(三)JavaServer Faces

基于GIS的图书馆可视化检索系统的设计与实施从用户实际出发,在设计过程中,充分实现了用户界面设计要求。Java Server Faces(JSF)是一种用于构建 Web 应用程序的新 Java 标准框架。Java Server Faces 基于组件开发技术,为用户提供了一套切实可靠的用户界面开发方案,从而大大降低了用户开发风险和开发时间。Java Server Faces 从网络角度讲也是一种基于网络层的通信协议。Java Server Faces 支持用户操作进行 UI 设计。Java Server Faces 是开源的轻量级的框架,其中 Faces Servlet 是 JSF 的核心控制器,Faces Servlet 通过对实体对象通信协议严格控制通信过程中各个实体的生命周期和工作的有效范围。

(四)Super Map Object 二次开发技术

Super Map Objects 是北京超图地理信息技术有限公司开发的,以 COM/ActiveX 技术规范为基础的全组件式 GIS 开发工具。2003 年发布的 Super Map Objects 2003 提供了 8 个控件、121 个可编程对象、2120 个二次开发接口,而 2004 年发布的 Super Map Objects 5 就已经能够提供了 11 个控件、170 多个可编程对象和 3000 多个二次开发接口。功能涵盖了图形与属性编辑、拓扑处理、空间分析、三维建模与分析、三维可视化、专题图制作、符号线型填充库的编辑与管理、布局打印等。

空间数据库是指存储、管理有关空间数据的数据库。SuperMap 空间数据库以大型关系型数据库为存储容器,通过 SuperMap SDX+进行管理和操作,将空间数据和属性数据一体化存储到大型关系型数据库中,如 Oracle、SQL Server、Sybase 和 DM3 等。数据库是以数据表为单位来存储数据的,每个表拥有一定的行和列,每一列称为一个字段,每一行称为一条记录,形成数据库表(或视图)记录这样一个等级概念体系。SuperMap 采用面向对象的设计方法,将空间数据以数据源为单位来组织,数据源中包含了一个或多个数据集,每个数据集(栅格数据集除外)包含了一个或多个同一类型的空间要素,如点、线、面、文本、复合对象等,形成数据源—数据集—空间要素这样一个等级概念体系。数据源是由各种类型的数据集(如点、线、面、类型数据、TIN、GRID、NetWork)组成的数据集的集合。一个数据源可包含一个或多个不同类型的数据集,这些数据集可以是矢量数据集,也可以是栅格数据集。数据源只是定义了一致的数据访问接口和规范,并没有定义数据源的存储细节。

数据集是由同种类型空间要素组成的集合。对矢量数据集而言,数据集中的内容一般分两部分:图形部分(即空间数据)和属性部分(即属性数据)。SuperMap空间数据库中,空间数据和属性数据一体化地存储在数据库的数据表中,一个数据集用一张二维表存储,其中,图形内容存储在一个可变长二进制类型的字段中,而属性数据则被存储在其他一个或多个常见类型的字段中。数据集的显示是在地图窗口中以图层的方式显示的,一个或多个图层叠加在一起就形成了地图。

地图主要存放相关数据集叠加显示而形成的图层。它存储了地图中每个图层对应的数据源和数据集、显示风格、显示比例以及图层的状态信息(显示、选择、编辑、捕捉等)。在SuperMap中,每个SuperMap地图窗口中的内容,就是一个地图对象。确切地说,一个或者多个二维数据集被赋予一定的显示风格而显示在一个SuperMap窗口,即地图窗口中,就成为地图。

第二节 图书馆文献信息资源共享系统分析

一、系统应用对象概述

南京铁道职业技术学院是经江苏省人民政府批准成立、教育部备案的一所省属公办专科层次的全日制普通高校,是长三角地区唯一一所轨道交通高等职业技术学院,也是江苏省教育厅、上海铁路局和浦口区政府共建的一所高等职业技术学院。学院前身是创建于1941年的南京特别市立第一职业中学。1955年起更名为南京铁路运输学校,长期隶属铁道部管理。2004年学院成建制由铁道部划转江苏省地方管理。2007年8月,江苏省人民政府决定原苏州机电高等职业技术学校并入学校。两校合并后,学院在南京和苏州两地办学,占地面积2066亩,规划建筑面积近50万平方米,核定办学规模1.8万人。建校80年来,学院培养了数万名专门人才,为我国轨道交通行业和地方经济的发展做出了积极的贡献。2008年起,学院在浦口顶山镇,依托南车集团生产基地和原南京浦口火车站旧址及国铁过道,动工建立新校区。

学院苏州校区新图书馆自2009年投入使用,南京浦口校区新图书馆自2011年起投入使用。图书馆总建筑面积大4万余平方米,共计藏书量(纸质图书)越70余万册,图书种类涉及包含学院所设这专业在内的22大类图书。

南京铁道职业技术学院图书是省内较早从事计算机应用的高职图书馆。2000年初开始使用计算机技术实现图书馆自动化管理。2004年,图书馆全面更新了图书馆管理系统,使用由江苏汇文软件公司开发的新一代图书馆管理系统"汇文"系统,实现了图书馆管理的全面计算机化,逐步实现南铁院图书流通的"一卡通"。随着中国高等教育文献保障系统(CALIS)、江苏省高等教育文献保障系统(JALIS)的建设,铁院图书馆已成为中国高等教育文献保障系统(CALIS)华东北地区管理中心和江苏省高等教育文献保障系统(JALIS)中的一员。[①]

二、系统概述

基于GIS开发平台的图书馆可视化搜索系统,结合南京铁道职业技术学院图书馆检索系统现状,在软件工程基本思想的指导下,通过对图书馆可视化需求分析的基础上,完成了系统设计的功能性需求、非功能性需求。在实际实现过程中,系统通过XSLT技术将空间数据库转换为规定格式的XML文档,从而形成了相应的图书属性数据库,然后基于GIS开发平台,接受用户查询/分析请求,最终采用三维形式显示出图书的位置空间。本系统采用基于GIS技术,借助GIS开发平台首次将属性数据库与空间数据库结合起来,通过Web三维显示技术,最终让用户一目了然地搜寻图书在图书馆中的实际空间地址,从而为用户进行图书借阅提供有力的帮助。

基于GIS技术的图书馆可视化检索系统,从图书馆资源数字和物理信息出发,详细设计和实现了基于地理坐标的数字图书馆空间分析和空间查询功能,具体内容如下所示。

基于空间信息的检索能力。基于GIS技术的图书馆可视化检索系统除了支持面向属性数据(例如,图书名称、图书馆基本信息、部门类别、馆藏信息等)的二维查询、检索功能外还支持图书馆资料的相互空间关系查询和根据图书属性进行图书相关定位查询。

基于GIS技术的可视化显示能力。基于GIS技术图书馆可视化检索系

[①]戴扬.基于GIS的图书馆文献信息资源共享系统研究[D].南京:南京邮电大学,2013.

统除了分层显示图书馆的综合地理信息和属性信息外,系统还为用户提供基于电子地图、语言服务、文字显示等多种三维显示功能。用户可以更加深入认识图书馆环境和资源基本存储位置信息,从而更加清晰的对资源进行定位和获取需要的信息。对读者自身关心的图书进行远程监控,从而为读者借阅了大量的时间开销和物质开销。

三、系统架构分析

通过对系统实际需求分析后,我们不难得到,基于GIS的图书馆可视化检索系统可建立在原来南京铁道职业技术学院图书馆图书管理系统的信息管理内容之上。在实际的设计过程中,将GIS系统软件作为整体系统的一个功能模块直接提炼出来。如下图7-3所示。系统在设计过程中,把图书馆内各种图书文献资料的地理位置信息组成空间数据库,同时,为了系统进行三维现实,组件图书属性数据库,通过XSLT与XML相互转换技术,最终将两种数据库结合统一起来,在GIS系统中结合并最终用可视化的手段显示出来。在实际过程中,系统根据用户查询分析的搜索请求,提取空间数据库和图书属性数据库的相应数据,经过系统后台分析处理后,将地理信息和属性信息转化为图形、图像或者模拟现实三维的地理位置定位图书位置,最终借助Supermap二次开发平台在WEB客户端显示给用户。

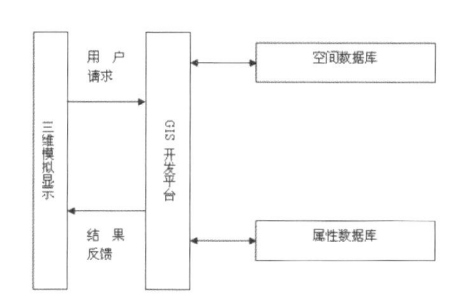

图7-3 系统开发架构图

系统功能分析。通过对系统基本需求分析,基于GIS设计模块主要是完成地理信息系统要完成的功能。在实际的设计过程中包括数据显示、数据查询、数据编辑、空间分析等功能。

(一)数据显示

数据显示功能是系统给用户提供形象化的展示接口,系统通过数据显示功能模块将用户检索信息通过GIS分析处理模块处理后,进行基本的图形或者用户能够识别的三维展示形式灵活地显示出来,数据显示功能是用户和系统完成交互的重要途径和重要窗口。

对象选择:为了增加用户的交互能力,系统设计过程中,支持用户对点、矩形和圆形等图形进行选取,从而进行放大等基本操作。

地图浏览:为了更好地展示检索结果,系统提供放大查看、缩小查看、漫游查看、图像移动、全图展示等浏览基本操作功能。在实际的设计过程中,系统展示通过索引地图,当读者需要确定图书实际位置的过程时,系统以小红色的圆圈显示实际的位置信息,从而更好地完成数据定位。

专题图制作在实际设计过程中,系统根据基本检索流程,提供了专题图的制作功能,系统可以根据类型对图书馆藏书架信息、楼层信息、图书馆地理位置信息等制作专题图,为形象化的检索奠定基础。

图层管理:图层是GIS系统存储的基本元素。在本系统实现过程中,地图数据存储应该按照图层进行,图层按照一定的序列显示了地图窗口的所有信息,并通过控制图层的基本属性(如可显示、可编辑、可选择、可捕捉)保证了基本地图的相信信息。在实际的工作过程中,通过这些属性能够完成基本地图信息的显示和编辑。

风格设置:地图显示的风格是增加交互友好性的重要途径。系统支持对点、线、面以及文本层的基本信息的风格设置,从而保证了系统的友好性。系统提供图层风格设置,在图层中所有的对象都会被设置为同一风格,从而保证了显示对象的颜色、大小、线条宽度等信息的相互协调和统一。

属性查图:属性查图顾名思义是基于图书属性信息的查询定位功能。属性查图和基于属性的关系数据库查询没有区别,是针对图书属性进行分析和查询定位的基本功能,通过属性查询,将图形和属性对应关系结合起来,从而最终在图上用可视化的显示方式在图形上将结果显示出来。

图查属性:图查属性是根据对象的空间位置和有关属性信息进行查图的方式。在实际的业务流程设计中,图查属性分为两步完成。第一,借助空间索引技术在GIS支撑的数据库块中迅速查询到被选择空间实体;第二,根据空间实体和属性实体关系将查询空间列表进行连接并最终展现出来。

空间查询:空间查询是基于GIS技术的图书馆检索系统的支撑,是系统通过几何关系对基本图形空间进行几何实体检索的过程,本系统在设计过程中,提供了十几种空间查询关系模型。在系统中,可以查询出一个数据集中和某几个几何实体对象的基本位置关系和相互连接关系,是系统设计的重要依据。

与查询对象有公共节点:涉及的几何图形实体通常通过一定的公共节点连接起来的。通过公共节点查询可以将各种数据集类型和空间对象类型的选项结合起来,在实际的查询条件中,公共点是其检索的唯一条件。与查询对象有边线相交,在实际检索过程中,公共边线与上面公共点的检索是一致的。通过公共边线查询可以将各种数据集类型和空间对象类型的选项结合起来,在实际的查询条件中,公共边线是其检索的唯一条件。

与查询对象有公共边:公共对象检索是重要的检索条件,公共边是公共对象的一种。在实际检索过程中,公共边与上面公共点的检索是一致的。通过公共边查询可以将各种数据集类型和空间对象类型的选项结合起来,在实际的查询条件中,公共边是其检索的唯一条件。

与查询对象有公共节点或边线相交对象:本检索条件是针对以上集中情况的延伸,检索结果显示为系统公共节点或者公共线条穿越的对象实体。查询对象包含的对象(部分、全部)。本查询条件主要是面向图形的查询,在检索过程中,系统就搜索出全部或部分包含查询对象的对象。在实际的检索过程中,边线有接触的对象也符合条件。

查询对象包含的对象(全部、部分、边线不接触)。公共对象检索是重要的检索条件,公共边是公共对象的一种。在实际检索过程中,公共边与上面公共点的检索是一致的。通过公共边查询可以将各种数据集类型和空间对象类型的选项结合起来,在实际的查询条件中,公共边是其检索的唯一条件。

查询对象被包含的对象(点在查询对象的定点上)。包含对象检索是重要的检索条件,包含边是公共对象的一种。在实际检索过程中,包含边上面公共点的检索是一致的。通过包含边查询可以将各种数据集类型和空间对象类型的选项结合起来,在实际的查询条件中,包含边是其检索的唯一条件。

查询对象完全包含的多边形(边线可接触)。涉及的几何图形实体通常通过一定的公共节点连接起来的。通过公共节点查询可以将各种数据集类型和空间对象类型的选项结合起来,在实际的查询条件中,公共点是其检索的唯一条件。在多边形中和公共节点一致,是通过查询对象完全包含关系来实现的。

包含查询对象第一个节点的多边形。搜索出包含查询对象中的第一个点的面对象。查询对象可以是点、线、面对象,如果是点,可以搜索出包含这个点的面对象;如果是线或面,可以搜索出包含线或面的第一个节点的面对象。

联合查询:联合查询是面向空间关系数据库和属性关系数据库的联合查询。在实际业务操作过程中,是查询数据集中与其他几何对象的空间位置关系来制定的条件查询对象。在实际的操作过程中,实际是面向属性查询和空间查询的联合查询方式。

修改对象:修改是指对对象进行修剪、延伸、打断、连接、画面分力、属性管理、图形旋转、线条方向管理等基本属性的修改。智能捕捉是具备自学习能力的属性控制,智能捕捉面向的对象包括点、线、多边形、圆形等基本对象的捕捉,基于图形的基本属性最终捕捉获取属性和对象,在检索结果中展现出来。

(二)空间分析

空间分析是基于GIS管理系统的核心处理中心,是系统针对地理信息系统进行地理坐标提取、展示和数据传输的技术。因此在设计基于GIS系统的检索系统过程中,系统必须提供强大的空间分析能力和空间分析技术。基于GIS的图书馆检索系统的设计与实现空间分析功能模块面向空间量算、对象缓冲、碰撞实验、截面分析等基本的功能。

空间量算:空间量算方法主要提供用户距离测算、范围测算以及角度和面积测算等基本的空间属性的测算功能。

缓冲区分析:缓冲区是系统地理空间目标的一种影响和服务范围的确定和现实。缓冲区分析能够加快空间分析的空间消耗和时间消耗。缓冲区分析的基本设计思路是给定一个空间对象集合,通过系统分析,确定缓冲区半径也就是数学理论上的领域空间的概念。因此可以说缓冲区是空间分析准确度的基础。

碰撞分析:系统在三维显示过程中,为了达到三维书架显示的可行性,在设计过程中,必须对对象进行三维碰撞分析,消除对象重复和对象脱离实际情况。

横剖面分析横剖面是指垂直于对象位置的一个截面。在实际的设计和处理过程中,Super Map Objects 将对图书馆、楼层、书架以及图书剖面以坐标存储在属性数据库中,通过空间数据库的转换最终显示在 WEB 网页上。

纵剖面分析:纵剖面是指平行于对象位置的一个截面。在实际的设计和处理过程中,Super Map Objects 将对图书馆、楼层、书架以及图书剖面以坐标存储在属性数据库中,通过空间数据库的转换最终显示在 WEB 网页上。

第三节 图书馆文献信息资源共享系统设计

网络环境下,将原有图书馆信息管理系统对图书文献资源状态的检索查询升级为在网络客户端以图形、图像等虚拟现实形式呈现。比单纯的基于属性数据库的信息管理系统更为直观,信息容量更大的优越性。基于 GIS 技术的可视化图书馆信息管理系统有望成为智能的信息咨询和管理系统。

一、系统架构设计

根据系统分析和用户的应用需求以及图书馆文献资源分布的情况调研,将可视化文献信息系统总体结构模型图设计如图7-4。该系统主要由系统管理子系统、检索查询子系统、数据发布子系统、数据分析子系统四部分组成,各部分之间由软件接口实现链接。读者可通过这四个子系统完成各种数据的转换、编辑、维护及更新等功能;可在空间数据库或属性数据库中检索查询有关信息,清楚地显示各部门的布局与馆藏文献的分布情况;运用 GIS 的统计分析功能就可了解各书架上藏书的利用率,从而为图书的调整提供有力的依据,更好地引导和推荐读者利用馆藏信息资源。通过对系统实际需求分析后,我们不难得到,基于 GIS 的图书馆可视化检索系统可建立在原来南京铁道职业技术学院图书馆图书管理系统的信息管理内容之上。在实际的设计过程中,将 GIS 系统软件作为整体系统的一个功能模块直接提炼出来。

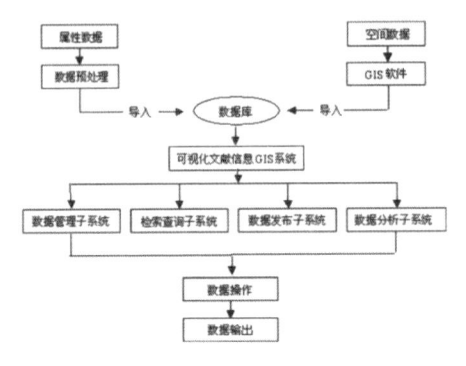

图7-4 系统架构图

系统在设计过程中,把图书馆内各种图书文献资料的地理位置信息组成空间数据库,同时,为了系统进行三维现实,组件图书属性数据库,通过 XSLT 与 XML 相互转换技术,最终将两种数据库结合统一起来,在 GIS 系统中结合并最终用可视化的手段显示出来。在实际过程中,系统根据用户查询/分析的搜索请求,提取空间数据库和图书属性数据库的相应数据,经过系统后台分析处理后,将地理信息和属性信息转化为图形、图像或者模拟现实三维的地理位置定位图书位置,最终借助 Supermap 二次开发平台在 WEB 客户端形象化地将用户属性数据和空间数据组合并显示给用户。[1]

二、系统数据库设计

(一)数据库连接设计

数据库是图书馆系统的核心,数据库设计在提高系统可用性和检索效率方面具有重要的意义。数据库设计是在 DBMS 的支持下,按照一定的规则设计的结构良好、使用方便、检索速率较高的应用系统。在 GIS 系统的设计和建设过程中,数据库设计通常占到系统设计的 60%~70%,由此可见数据库的设计和建设极其重要。作为整个系统的核心部分,信息数据库的设计应遵循规范化、标准化、扩充性、安全性和实用性等原则。基于 GIS 系统的图书馆检索系统的设计与实现是面向空间数据库和属性数据

---

[1] 杨新涯. 图书馆服务共享[M]. 北京:知识产权出版社,2016.

库的地理信息数据库管理系统,数据库最终通过地理码,将空间数据和属性数据结合起来,从而形成系统数据库的有效统一。

基于GIS的图书馆检索系统的GIS功能模块设计过程中,GIS系统的数据库系统主要包括空间数据和属性数据两个方面。基于GIS系统的图书馆检索系统的设计与实现是面向空间数据库和属性数据库的地理信息数据库管理系统,数据库最终通过地理码,将空间数据和属性数据结合起来,从而形成系统数据库的有效统一。所谓空间数据是指在一定的范围内,能够完整地描述书架、楼层以及馆舍结构的地理背景、位置关系、图书分类存放信息按照GIS设计要求,放在不同的图层,通过控制图层属性最终显示出来的基本数据。

实际设计过程中,属性数据主要包括两种层次的定义:第一种是不可在地图上表示出来的基本信息,包括描述性文字、读者基本信息等;另一种是可视化的基本信息,如图书馆的地理外貌、书架三维图形的。对于可以显示的基本属性数据系统可以通过馆藏名称、楼层数、房间号等基本的信息通过三维展示技术最终显示出来,对于不可显示的基本数据,系统设计了书名、作者信息等基本的检索词。该系统采用关系型数据库存储属性数据。可视化文献信息系统建设的思路是利用SuperMap的平面设计制图功能完成图书馆馆藏分布的现状调查与制图,结合数码相机拍摄的图像,在此基础上利用GIS建立图形数据库和专题属性数据库,最终实现基于GIS的馆藏文献资源可视化管理。

(二)可视化数据设计

在GIS相关系统设计和开发中,数据库设计、数据分析和地图展示是密切相关的几个环节。这些环节主要面向系统效率展开,最终为提高性能起到了积极的作用。数据库设计贯穿于整个数据处理和系统设计阶段,其也是整个数据库设计的核心组成部分。因此,数据库设计、数据分析和地图展示是相互交融的几个阶段,系统设计过程中,必须考虑其前后关联。本系统设计过程中,地图展示的组织目标是通过合理地控制地图的客户端绘制范围和图层显示属性。从而尽可能地发挥SuperMap基础软件的技术特点在客户端生成极具视觉冲击力的显示效果,从而形成客户端浏览速度快,保证地图图像显示质量和美感的显示效果,为用户提供使用和高质量的地理信息管理服务。这些技术在实际的设计过程中,设者只要严格控制图层的属相和数量,合理布局各个图层关系和图层内容,把握好各个图层上数据集的数量以及数据集中载体记录的平衡关系。科学地管理图层以及图层叠加关系,便于进行地图信息中各要素的分析。如果在显示过程中,对于每个图幅都进行同样的分层,而不进行不同图幅相关图层的合并,将会导致数据存储负担,从而造成大量的图层堆积,每个图层在打开过程中,均要新建存储空间应用,从而导致数据配置消耗大量的时间和空间度。从而大大影响空间数据的显示和查询检索效率。但是,如果我们在处理过程中,将过多的图层合并起来,就会导致一个数据集或图层携带的数据元素过多,从而造成图层灵活性下降,从而系统查询效率降低。因此,在 GIS 系统设计过程中,必须根据图形的实际需求进行合理的数据组织,一般情况下,Supermap Objects 的地图图层不超过 100 个数据集,一个数据集的记录数通常不超过几万条,在关系数据库存储介质中,一条 SQL Server 数据源中的数据集中的记录数也要求不超过几十万条,一个 Oracle 数据源中的数据集记录数不超过百万条记录。

(三)可视化检索接口设计

可视化检索接口设计是根据数学的语言和工具(这里主要指离散数学中关于布尔计算等理论),对大量存在的检索系统中的数据进行处理的过程,并对这些数据进行基本翻译、数据抽象,最终通过数学公式的形式表达出来,最终再经过演绎、推断、解释和实际检验,最终显示出来。在实际的检索过程中,检索模型主要包括:布尔检索、概率检索和基于语义、知识的检索三种,在实际的设计过程中,布尔检索和基于概率检索具有重要的地位。

在实际的操作过程中,文献检索是一个交互程度非常高,且涉及大量的数据处理的过程。所谓信息检索可视化其实是指在检索的基础上对结果进行可视化显示的过程。因此设计一款便携性的可视化检索接口具有重要的意义。

在可视化对象确定功能设计过程中,可视化对象主要包括普通对象和对象间关系两类。在系统设计过程中,将关系也处理为对象具有重要的意义。在可视化设计过程中,普通对象主要指空间图形形成所需要的基本的点、线和面等关系以及搜索目标文献和检索参考点等基本要素。其中,文献包括基本的书籍索引号、作者姓名等文本信息,还包括文献流通数据、简单文献标记、文献应用以及文献关键词等多种形式的对象。文献检索参考点是用户需求相关的向量,是用户对象间关系的概括,在实际的检索过程中,包括文献和文献各部分的关系都可以作为实践检索的过程向量,最终作为可视化显示结果的基础数据展现给用户。

可视化空间构造是可视化设计的重要步骤,可视化空间构造主要从可视化的方法和自身文献信息系统的存储结构两个方面出发,基于二维、三维等技术显示出文献检索的最终结果。可视化空间构造接口的空间表达能力也存在差异,因此如何减少显示维数是可视化接口设计必须考虑的方法。在日常设计过程中,多维定标技术、自组织映射技术。其他方法还有:分层聚类法、关键成分分析、K-means算法和网络寻址定标法等。都是可视化空间构造过程中考虑的降维的方法。其中自组织映射技术是常用的高维数据表示方法,这种方法在表示过程中,将地图论文的二维数据可视区域用颜色表示文献的密度,从而是当今基于GIS数据分析所使用的最常用的方法。

可视化搜索相似度算法的研究是检索系统重要的技术核心。在相似度研究过程中,在完成数据存储和空间接口相互关系的对应关系确定后,系统根据相似匹配算法计算各个系统对象之间的相似度,在相似度因子的控制下,基于坐标计算,最终显示出对象在可视化空间中的具体定位。相似匹配算法是判断文献和用户检索条件之间相似关系的重要依据,当可视化检索对象作为文本时,一般采用的余弦算法或其他矢量等相似性算法,当可视化检索对象为图像时,可采用图像分析算法完成相关对象的关系映射,最终完成系统的可视化检索。

数据编码是相似度检索的最后一步,也是最能够体现搜索效率的一个环节。因此,在实际过程中,数据编码是从人类获取信息的途径的。因此在设计过程中,利用人类的感知系统、视觉系统等对数据进行编码,最终实现系统可视化的展示功能和展示效果。

在完成可视化对象确定、可视化空间构造、可视化相似度算法确定和数据编码后,可视化接口的设计基本完成,基于这些可视化接口,用户完成浏览方式检索和途径线索确定就可以完成系统检索工作。在以后的工作过程中,用户还必须完成动态图像过滤、优化研究、多链接显示设置、动画显示打包等。

三、系统功能设计

(一)数据显示设计

数据显示功能是系统给用户提供形象化的展示接口,系统通过数据显示功能模块将用户检索信息通过 GIS 分析处理模块处理后进行基本的图形或者用户能够识别的三维展示形式灵活地显示出来,数据显示功能是用户和系统完成交互的重要途径和重要窗口。在数据显示设计中,在检索条件传入后台数据处理系统后,系统首先调用属性数据库查询数据详细属性,然后属性数据库,通过地理码解码最终将数据传入空间数据库,通过缓存线程缓冲处理最终以 GIS 图像的形式显示到屏幕上。

为了增加用户的交互能力,系统设计过程中,支持用户对点、矩形和圆形等图形进行选取,从而进行放大等基本操作。同时,为了更好地展示检索结果,系统提供放大查看、缩小查看、漫游查看、图像移动、全图展示等浏览基本操作功能。在实际的设计过程中,系统展示通过索引地图,当读者需要确定图书实际位置的过程时,系统以小红色的圆圈显示实际的位置信息,从而更好地完成数据定位。在实际设计过程中,系统根据基本检索流程,提供了专题图的制作功能,系统可以根据类型对图书馆藏书架信息、楼层信息、图书馆地理位置信息等制作专题图,为形象化的检索奠定基础。图层是 GIS 系统存储的基本元素。在本系统实现过程中,地图数据存储应该按照图层进行,图层按照一定的序列显示了地图窗口的所有信息,并通过控制图层的基本属性(如可显示、可编辑、可选择、可捕捉)保证了基本地图的相信信息。在实际的工作过程中,通过这些属性能够完成基本地图信息的显示和编辑。地图显示的风格是增加交互友好性的重要途径。系统支持对点、线、面以及文本层的基本信息的风格设置。从而保证了系统的友好性。系统提供图层风格设置,在图层中所有的对象都会被设置为同一风格,从而保证了显示对象的颜色、大小、线条宽度等信息的相互协调和统一。其客户端数据请求设计过程中,我们建立标志位 GRPMC 防止数据重复调用。

(二)数据检索

数据检索包括属性检索和空间检索,在实际的系统设计过程中,数据检索和 GIS 定位是一致的,数据检索是为定位系统提供基本的数据支持,是系统量算地理系统的基本功能之一。本系统提供的数据检索方式主要是基于查图、图形属性、空间检索以及基于空间和属性的联合查询。在实际的工作过程中,系统根据对象的空间位置查询有关属性信息。该查询分为两步,首先借助空间索引,在地理信息系统数据库中快速检索出被选空间实体,然后根据空间实体与属性的连接关系即可得到所查询空间实体的属性列表。

(三)数据编辑

数据编辑是指提供用户对基本的几何对象进行增加、修改和删除的功能。在实际的操作过程中,对象绘制是系统的重要依据。绘制对象是不多的用户操作界面,在实际的工作过程中,绘制对象系统提供了十五种对象的绘制方案。首先用户可以通过图层增加几何对象的方法进行详细地增加几何图形。在绘制过程中,用户可以打开图层,将其属性修改为可编辑状态,用户就可以通过鼠标添加到图层中。智能捕捉是具备自学习能力的属性控制,智能捕捉面向的对象包括点、线、多边形、圆形等基本对象的捕捉,基于图形的基本属性最终捕捉获取属性和对象,在检索结果中展现出来。

空间是基于GIS管理系统的核心处理中心,是系统针对地理信息系统进行地理坐标提取、展示和数据传输的技术。因此在设计基于GIS系统的检索系统过程中,系统必须提供强大的空间分析能力和空间分析技术。基于GIS的图书馆检索系统的设计与实现空间分析功能模块面向空间量算、对象缓冲、碰撞实验、截面分析等基本的功能。空间量算方法主要提供用户距离测算、范围测算以及角度和面积测算等基本的空间属性的测算功能。系统在三维显示过程中,为了达到三维书架显示的可行性,在设计过程中,必须对对象进行三维碰撞分析,消除对象重复和对象脱离实际情况。缓冲区是系统地理空间目标的一种影响和服务范围的确定和现实。缓冲区分析能够加快空间分析的空间消耗是时间消耗。缓冲区分析的基本设计思路是给定一个空间对象集合,通过系统分析,确定缓冲区半径也就是数学理论上的领域空间的概念,因此可以说缓冲区是空间分析准确度的基础。在空间分析中,分析对象O,是距离对象半径距离为R的全部点、线、面等空间对象的结合。d一般是最小欧氏距离,在实际的设计过程中,d可以通过系统设置进行定义。缓冲区分析是GIS系统设计和实现中最重要的空间分析操作功能。因此是任何基于GIS系统的管理信息系统均有应用。例如,在实际的图书馆楼层书架搜索过程中,如果书架发生位移等,系统需要对原标记为进行扩展,从而得出实际的书架坐标。Super Map Objects不仅可以为各种类型的空间对象作缓冲区分析,而且在实际的缓冲区设计中类型比较丰富。在实际的项目中,除了需要对单个对象做缓冲区分析外,系统还提供生产多个对象的缓冲区群,为系统最终空间和时间节约了大量的开销。

第四节 图书馆文献信息资源共享系统实现

基于GIS的图书馆可视化检索系统,通过XSLT技术将空间数据库转换为规定格式的XML文档,从而形成了相应的图书属性数据库,然后基于GIS开发平台,接受用户查询分析请求,最终采用三维形式显示出图书的位置空间。本系统采用基于GIS技术,借助GIS开发平台首次将属性数据库与空间数据库结合起来,通过Web三维显示技术,最终让用户一目了然地搜寻图书在图书馆中的实际空间地址,从而为用户进行图书借阅提供有力的帮助。

一、数据显示

数据的显示是指将用户所需的经GIS分析处理过的图形,以用户能够识别的形式灵活地显示出来,这是GIS系统与用户交互的关键所在。为了更好地展示检索结果,系统提供放大查看、缩小查看、漫游查看、图像移动、全图展示等浏览基本操作功能。在实际的设计过程中,系统展示通过索引地图,当读者需要确定图书实际位置的过程时,系统以小红色的圆圈显示实际的位置信息,从而更好地完成数据定位。[①]

二、数据检索

本系统提供的查询方式有属性查图、图查属性、空间查询、联合查询。属性查图是按属性信息的要求来查询定位空间位置。这和一般非空间的

---

① 赵晓. 高校图书馆文献信息资源共享机制的实现[J]. 办公室业务,2017(10):150-151.

关系数据库的SQL查询没有区别,查询到结果后,再利用图形和属性的对应关系,从而进一步在图上用指定的显示方式将结果显示。实际的工作过程中,系统根据对象的空间位置查询有关属性信息。该查询分为两步,首先借助空间索引,在地理信息系统数据库中快速检索出被选空间实体,然后根据空间实体与属性的连接关系即可得到所查询空间实体的属性列表。

三、图层绘制

在绘制过程中,用户可以打开图层,将其属性修改为可编辑状态,用户就可以通过鼠标添加到图层中。也就是说,图形添加必须通过图层的增加进行,通过设置图层的基本属性来编辑图形的基本信息。但是也要遵循基本的图层约束条件,比如,在点图层上,只能添加点对象,不能添加线和面对象。对象修改是指对对象进行修剪、延伸、打断、连接、画面分力、属性管理、图形旋转、线条方向管理等基本属性的修改。

四、空间分析

系统在三维显示过程中,为了达到三维书架显示的可行性,在设计过程中,必须对对象进行三维碰撞分析,消除对象重复和对象脱离实际情况。缓冲区是系统地理空间目标的一种影响和服务范围的确定和现实。缓冲区分析能够加快空间分析的空间消耗是时间消耗。缓冲区分析的基本设计思路是给定一个空间对象集合,通过系统分析,确定缓冲区半径也就是数学理论上的领域空间的概念。可以说缓冲区是空间分析准确度的基础,缓冲区分析是GIS系统设计和实现中最重要的空间分析操作功能,是任何基于GIS系统的管理信息系统均有应用。

五、数据库实现

空间数据库,作为一种DBMS高度抽象化诞生和发展起来的数据库实现技术,在GIS系统设计和实现过程中起到了举足轻重的作用。空间数据库,通过自身对地理坐标的解析帮助用户能够迅速查找到数据所需要的地理空间数据。同时空间数据库,能够帮助用户完成相关书籍、楼层和图书详细地理位置的空间数据的插入、删除和更新等操作。空间数据库在设计过程中建立了如实体、关系、数据独立性、完整性、数据操作、资源共享等一系列基本概念。从而在实际的设计过程中,将数据处理从一维空间向二维空间、三维空间甚至多维空间拓展,为空间显示奠定了基础。相比于传统的数据库,通常系统的数据模型主要针对简单对象,因而空间数据库,系统在设计过程中是以地理对象进行模拟和推理为基础,面向空间数据的传统数据库的拓展,同时,空间数据库在了理论基础上的创新,在本节空间数据库和属性数据库连接过程中,系统基于SuperMap系统通过数据库管理系统来访问属性数据库,本系统在设计过程中,借助XSLT技术将数据格式转化为XML从而提供给空间数据库进行数据操作。在形成XML文档后,在XML是一个完整的树结构文档。在转换XML文档时可能需要处理其中的一部分(节点)数据和如何查找和定位XML文档中的信息呢?XPath就是一种专门用来在XML文档中查找信息的语言。系统在空间数据访问过程中,以数据文件处理对象的方式对系统对象进行整体处理,直接访问每个存在的数据文件,因此在设计过程中,系统对每个文件储存结构进行了相信的定位和处理。系统在数据库实现过程中,主要采用数据捆绑和数据接口方式,大大提高了系统的可扩展性和系统未来维护。

系统实现:关于系统实现技术的阐述,最终完成了基于GIS技术的图书馆可视化系统的设计与实现,在检索方面系统提供了书籍名称、出版年、出版社、排序等检索条件。在客户端用户获得系统检索结果后,用户可以点击所关注的书籍,查询具体的馆藏目录。甚至系统还可以在地理显示界面查询乘车路线。在获取了图书详细地址后,为了更好地展现图书详细馆藏地址,系统提供了模拟书架系统,在获取具体图书馆信息后,系统会显示书籍具体的楼层信息,点击链接,系统为用户模拟出系统具体的楼层分布图,从而大大减少用户检索时间。然后,系统会模拟出系统具体位置,为用户详细准确的定位系统位置。以红色圆点闪烁向用户提示精确定位。同时,系统支持拖撰转换角度来定位查看图书相信地址,甚至放大查看图书基本信息。从而大大减少了读者借阅成本和借阅时间。

六、馆际共享体系建设

(一)设计方案

积极开展馆际互借,可以最大限度地利用参与馆的文献信息资源,提高文献资源的使用率,还可以避免重复购买,节省各图书馆有限的资金。且大学城是图书馆较为集中的区域,在地域上实行馆际互借较为方便。那么,如何实现大学城内各高校图书馆文献信息资源的馆际互借呢？大学城内各高校图书馆要达成协议,建立区域联盟。建立统一的检索和馆际互借平台。办理大学城读者通行证。这一点可由"一卡通"实现,实行通借通还制度和人性化服务,带给读者更大的便利。在平台设计上,笔者认为结合物理上传统图书馆的应用,将信息资源数字化,使其在虚拟平台上达到共享,更符合时代的要求。受CALIS和虚拟图书馆启发,在假设馆际互借协议达成的基础上,笔者拟在Microsoft.net平台下引进新技术GIS,提出一种基于空间信息技术的解决方案,建立分布式联合馆际互借系统的系统模型,希望能在这个方案的基础上,在技术层面解决大学城各高校图书馆间文献信息资源共享问题。

(二)系统建立

新一代的图书馆MIS系统是建立在WebGIS基础之上的,能够对图书馆信息管理中与空间位置有关的"设施等实施有效管理,使读者通过空间信息平台进行文献、多层次、多条件的信息查询,解决可视化环境下文献管理、信息查询以及信息导航等问题"在整个系统的架构上。我们可以采用Mircosoft公司的产品和SqlServers 2000,利用他们提供的非常强大的XML Web服务来实现整个平台的数据共享。其具体实施构想主要包括以下这几个步骤。

1.数据库的建立

建立联合书目数据库:采取联机编目,建立联合目录,创建联机公共检系统,这是大学城各高校实现共享的基础。如福州大学城各高校——福建师范大学、福州大学、福建医科大学、福建中医学院等图书馆都申请加入CALIS,CALIS统一规范下编制目录,实现联机共享,创建特色数据库。

2.空间数据的获取

系统包括两类数据,一是描述空间数据特征信息的属性读者等属性数据;二是反数据以及普通MIS所具有的文献、映文献所处地理位置的空间数据即图形数据。将空间数据与属性数据分开来存储,这给我们带来了很多便利,从而也可使系统设计重点放在对空间数据的管理上,并利用MS-SQL2000来管理属性数据。考虑到目前图书馆的MIS系统中都已经有了该馆很完善的文献资源数据资料,我们的工作如何获取和管理空间数据以及如主要应该放在 GIS 系统上,将空间数据和属性数据进行集成成了数据准备阶段的关键问题。

现实世界在计算机中模拟是以点线面三种空间数据形式形成的。我们可以将点状、线状、面状信息在 GIS 中分层显示,然后叠加成一个地理实体。我们在对图书馆馆藏数字化的过程中,可以将它的空间数据抽象为图书馆背景、楼层、房等。通过空间索引进行无缝连接以实现有效空间查询。完成相应空间数据的输入、编辑后获得数字化的图书馆电子地图,然后利用数码相机对有关标识物、房间、设备等进行拍照并将其放入数据库中。最后,只要将与这些空间数据相对应的属性数据认真核实后放入属性数据库中。这样,整个数据库就建立好了。

(三)调用电子地图,创建接口

采用 MapInfo 公司的 mapx 和 mapStream 二次开发工具,在 vs.net 平台下创建可供外界调用的 web 服务接口。具体方法为将 mapstream 控件嵌入基于 C#的 ASP.NET 程序中,加载前面已经数字化的通过利用 MapStream 的方法,各大学的图书馆电子地图和馆内设施与文献的电子地图,通过属性数据库将各个电子地图进行有效连接。

编写程序,实现对书籍资料的动态定位。关于这个功能的开发,目前图书馆学界主要采用的是两种方式:一种是直接使用目前最为先进的RFID 技术,在图书的射频标签里放置了无线发射器,通过接收信号来实时地确定这些图书的位置。这种方法价格高昂,标准还不成熟,所以目前在我国图书馆运用还不够普遍。第二种是手工调整书目中有图书的位置信息,图书馆工作人员按时将临时书架上的书放回原处,书籍严格按照类号排可以达放,实现对图书的定位。这种方法如果能够长期坚持,到较全面的效果。无论是哪种方式,只要能够严格按照操作来进行,都可以达到对书籍位置的定位要求。定位后,用程序将数据连接到数据库中,实现调用。

馆际互借系统的建立。利用 Dreamweaver 或其他设计软件编写程序,建立馆际互借系统。具体包括读者检索界面、读者馆际互借申请单等界面以及与数据库的连接。

其最大的好处就在于能够整合不同的微软的 web 服务,资源进行工作,我们的目标是动态地定位整个大学城的图书资料,实现任何一台大学城PC机终端都能够检索大学城各高校图书馆的书目信息。那么,前提之一就是所有的图书馆都要提供这种web服务。在这个前提下,我们只需要在程序中调用这些图书馆提供的接口,就可以浏览这些图书馆的藏书信息和数据库,将它们全部整合到一张电子地图上,创建我们的平台,即可实现馆际互借。

(四)系统目标和拟实现功能描述

该系统构想的目标是创建一个大学城图书馆文献信息资源共享的平台,实现大学城内馆际互借,为读者提供更好的服务。该系统设计的亮点是引进GIS技术,采用空间数据库管理空间数据,关系数据库管理属性数据,所以与图书馆现有的MIS相比,在原有功能的基础上可以增加很多基于GIS的空间信息方面的内容。这样不仅可以帮助读者进行文献信息的检索,还可通过友好的用户界面为他们提供所查书目的一些其他信息,起到空间导航的作用,显示出强大的信息空间检索功能。

个性化的信息查询服务就是为了向读者提供在系统设计构想中引进GIS技术,供全新的身临其境的可视化服务。系统以大学城的空间图形为背景,提供逐级查询、区域查询、条件查询、路径查询等多种检索方法。由于将空间信息与属性信息相结合,实现了文献信息和电子地图的互查,能够根据文献的书名、编号等属性信息查询其在大学城内各大学图书馆的空间位置信息,动态显示相关图形。它解决的最重要的问题是提供了人性化的服务,读者不需要十分熟悉各大学图书馆的藏书分布情况,他唯一需要做的是确定好查询的关键词,然后按照电子地图的信息进行处理。

信息报表:系统在大学城这张电子地图上,可以精确地确定各个馆的藏书状态。通过地理空间的位置分析,最终生成一份分析报告。读者通过这份报告,可以知道最佳的借阅地址是哪个馆,到这个馆,需要怎么坐车,最短的行车路线是什么,馆藏图书有多少,哪些人借阅了这些资料,针对这个专题的学术报告对于一些专题的文献资源,如果在一个有哪些等信息。同时,馆内很难借完全的话,可以通过系统的分析报告,确定这些文献的空间关系特征,最终做到合理地安排借阅。

有利于改善通借通还中图书遗失现象:在图书馆开展馆际互借,实行通借通还模式时,经常会发生图书因为乱架、(待修补)采编加工、破损、未上架、已异地还书尚未及时送达借出馆藏地的现象。在系统设计可合理有效地了解图书构想中,引进GIS空间信息技术的现实所在位置,定查询目标的状态,减少这种"找不到"现象。

对流通情况进行管理和评估:通过记录所有用户的查询要求,可以生成用户查询的一个报表,记录哪些类别的书籍查询频率高,哪些书籍资料较少被人查询,统计哪个学校的图书馆访问量最高,哪些学校的图书馆访问次数较低等,通过这些记录信息,可以为下一步的决策提供依据。

第八章 图书馆文献资源检索与利用之检索结果的综合利用

第一节 科研信息的搜集、整理与分析

在科学研究和论文写作过程中,科技信息的利用是一项基础性工作,而信息利用的前提是通过检索等手段搜集科技信息,然后将搜集到的信息经过整理和分析,为科研课题的研究和科技论文的写作服务。

一、科研信息的搜集

信息的搜集是每个科技工作者从事教学、科研、生产与管理活动必不可少的基础性工作。据美国科学基金会统计,一个科研人员花费在查找和消化科技资料上的时间需占全部科研时间的51%,计划思考占8%,实验研究占32%,书面总结占9%。由上述统计数字可以看出,科研人员花费在阅读科技出版物上的时间为全部科研时间的60%。任何科研课题,从选题直至课题结束时的成果水平鉴定,每一个环节都要求科技工作者系统地搜集与课题相关的科技信息。因此,全面、准确、高效地搜集信息对科研课题的顺利完成具有十分重要的作用。

(一)科研信息的类型

第一手资料:第一手资料包括与论题直接有关的文字材料、数据材料、统计材料、典型案例、经验总结等。第一手材料越多,越能保证论文的创新度。

他人的研究成果:这是指国内外对有关该课题学术研究的最新动态。这类材料不仅为论文提供充分的论据,还是论文研究的起点。

相关学科的材料:相关学科能够拓展研究视野和写作思路,提供多元化的分析方法、分析角度。

权威论述、国家政策等:学术权威的论述或国家的方针政策,可以作为

提出解决问题的重要证据,这不仅能增强论文的说服力,也可以避免对中央的政策精神产生误读。

(二)科研信息搜集的途径

公共网络资源、主题网站及搜索引擎:通过 Google 学术搜索 Google 专利搜索、百度学术搜索等公共网络搜索引擎检索到相关科技文献。但由于搜索引擎主题标注过于宽泛,不能真正揭示科技文献的系统性和脉络,通过公共网络搜索引擎,检索到的科技文献显得分散、杂乱、信息所(情报中心)。通过国家、省及市县区情报研究所提供的公共服务平台,检索及获取相关科技文献,因各级科技情报研究所主要的服务对象为公众,科技文献的专一性和专指性比较弱,通过各级情报研究所提供的公共服务平台,检索到的科技文献显得宽泛、片面。

高校及科研院所:通过高校及科研院所购置的专业数据库检索及获取科技文献,因高校及科研院所承担着我国大部分科研项目的研制与开发,高校及科研院所会根据各自学科建设及研究领域的要求,购置国内外权威学术资源数据库,通过高校及科研院所提供的科技文献检索平台,检索到的文献通常比较系统、全面。

此外,信息的搜集还要注意以下三点:根据课题的时间范围和地域范围确定搜集文献信息的时间上下限以及地区范围;在文种选择上,一般先查阅中文文献检索工具和中文专业期刊,这样不仅可以了解和掌握国内相关信息资源,还可以了解到国外相关文献信息资源,此后再查阅外文检索工具、外文期刊或外文专业数据库、以提高相关文献信息的查全率和查准率;对于已搜集到的信息资源,不仅要阅读理解文献的内容,而且还要注意文章后的参考文献,以便从中补充课题所需的有关文献信息。[①]

二、信息的整理

文献信息是人类认识的结晶及时获取信息、准确地分析信息是有效利用信息的前提。通过各种渠道采集的原始信息通常是真假混合、杂乱无序的,因此需要进行加工整理。信息的整理过程实际上就是信息的组织过程,目的是使信息从无序变为有序,成为便于利用的形式。信息整理,按其对信息加工的程度不同分为信息选择和信息提炼,对搜集到的资料

————
① 陈剑光. 信息组织与利用[M]. 杭州:浙江大学出版社,2017.

应先整理,然后再加以利用。整理文献信息的方法一般包括文献信息的阅读和消化、文献信息的鉴别与剔除、文献信息的分类与排序。

(一)文献信息的阅读和消化

阅读和消化文献的一般顺序为:先阅读中文资料,后阅读外文资料;先阅读文摘,后阅读全文;先阅读综述性文献,后阅读专题性文献;先阅读近期文献,后阅读早期文献;先粗读或通读文献,后精读文献。

(二)文献信息的鉴别与剔除

1. 来源鉴别

对所搜集的文献信息,应作学术研究机构的对比鉴定。看是否出自著名学术研究机构,是否刊登在同领域核心(同行评审)期刊上,文献被引用频次多少,来源是否准确,是否公开发表。对故弄玄虚、东拼西凑、伪造数据和无实际价值的资料,一律予以剔除。

2. 作者鉴别

对所搜集的文献信息作者应做必要考证,看是否为本领域具有真才实学的学者。事实和数据性信息的鉴别,是指对论文中提出的假设、论据和结论的鉴别,应首先审定假定的依据,论据的可信程度,结论是否合理,实验数据、调查数据是否真实、可靠。对丁那些立论荒谬、依据虚构、逻辑混乱、错误频出的资料应予以剔除。

(三)文献信息的分类与排序

对通过不同渠道搜集来的信息资料进行信息分类、数据汇总、观点归纳和总结等形式和内容方面的整理;对于从事多项课题的研究人员,应按课题建档、排序,对归类资料进行筛选,剔除重复的信息,淘汰价值不大的信息,根据需要索取原文。

三、信息分析

信息分析是指对获取的文献信息进行分析与综合的过程。它是根据特定的需要对文献信息进行定向选择和科学抽象的一种活动。文献信息分析的目的是从相关的文献信息中提取共性的、方向性的或特征性的内容,为进一步的研究或决策提供佐证和依据。经过文献分析,由检索、收集和整理而得的文献信息形成了某一个专题的精华文献。因此,信息的分析过程是一个由粗到精,由低级到高级的信息提炼过程。

(一)信息分析的特点

1. 针对性

针对性是对信息分析的对象来说的。信息分析总是针对特定事物开展的,信息分析的目的就是让经过分析研究的信息为生产、决策、科研等工作服务,使信息真正成为可以利用的财富。

2. 创造性

信息分析是一种高层次的信息加工生产活动,这种信息活动融入了信息分析者大量的智慧。信息分析是对信息进行深层次的思维加工和分析研究活动,它需要在全面搜集有关信息的基础上,经过信息分析人员的创造性的智力劳动,得出有关事物与问题的正确认识。

3. 科学性

信息分析与一般信息用户利用信息进行创造性研究活动比较相似,是一项建立在科学理论和方法基础上的科学研究工作,具有科学研究活动的一般特性。只有在信息分析工作中运用科学的研究方法与研究手段,才能保证分析研究成果的正确性与客观性。

4. 综合性

从事信息分析研究工作就要从研究事物的环境内部组成开始,弄清与研究课题相关的各种因素,信息分析研究必须充分考虑这些相关因素,从总体上进行综合性研究。

(二)信息分析的类型

信息分析涉及社会的各个方面,采用各种各样的研究方法,所以根据不同的划分标准,可以将信息分析划分成各种不同的类型。

1. 按领域划分

一项信息分析任务,也总是由各种相互联系的不同领域的信息构成的。按领域大致可以分为以下几个方面:政治(含外交)信息分析、经济(含产业)信息分析、社会信息分析、科学技术信息分析、交通通信信息分析,军事信息分析、人物信息分析。

2. 按方法划分

信息分析的类型也可以按照采用的方法来划分,一般可以分为定性分析方法和定量分析方法两种。定性分析方法一般不涉及变量关系,主要依靠人类的逻辑思维功能来分析问题;而定量分析方法肯定要涉及变量关系,主要是依据数学函数形式来进行计算求解。定性分析方法如比较、推理、分析与综合等;定量分析方法如回归分析法、时间序列法等。值得指出的是,由于信息分析问题的复杂性,很多问题的解决既涉及定性分析,也涉及定量分析,因此定性分析和定量分析方法相结合的运用越来越普遍。

3. 按内容划分

按信息分析内容划分,可分为跟踪型信息分析、比较型信息分析、预测型信息分析和评价型信息分析。跟踪型信息分析:跟踪型信息分析是基础性工作,无论哪种领域的信息分析研究,没有基础数据和资料都难以工作。它又可分为两种:技术跟踪型和政策跟踪型,常规的方法是信息收集和加工,建立文献型、事实型和数值型数据库作为常备工具,加上一定的定性分析。这种类型的信息分析可以掌握各个领域的发展趋势,及时了解新动向、新发展,从而做到发现问题、提出问题。

4. 比较型信息分析

比较是确定事物间相同点和不同点的方法,在对各个事物的内部矛盾的各个方面进行比较后就可以把握事物间的内在联系,认识事物的本质。比较型信息分析是决策研究中广泛采用的方法,只有通过比较,才能认识不同事物间的差异。从而提出问题,确定目标、拟订方案并做出选择。比较可以是定性的,也可以是定量的,或者是定性与定量相结合的,许多技术经济分析的定量方法通常被采用。

5. 预测型信息分析

所谓预测,就是利用已经掌握的情况,知识和手段,预先推知和判断事物的未来或未知状况。预测的要素包括:人——预测者;情况和知识——预测依据;手段——预测方法;事物未来和未知状况——预测对象;预先推知和判断——预测结果。根据不同的划分标准,预测可以分成许多不同的类型,如按预测对象和内容可以分为经济预测、社会预测、科学预测、技术预测、军事预测等。

社会的现代化管理就是体现在以预测为基础的战略管理上,预测型信息分析涉及的范围非常广泛,大到为国家宏观战略决策进行长期预测,小到为企业经营活动提供咨询的短期市场预测。预测型信息分析工作的方法大致上可以分为定性预测和定量预测两大类。例如,经济预测中不同产业部门的产值、利润、就业人数、出口贸易都可以用作定量分析的数据来源,采用回归分析、时间序列分析、投入产出分析等方法进行预测;而对于那些政策性强、时间跨度大、定量数据缺乏的预测问题,则更多地需要依靠专家的直觉和经验。

6.评价型信息分析

评价一般需要经过以下几个步骤:前提条件的探讨;评价对象的分析;评价项目的选定;评价函数的确定;评价值的计算;综合评价。评价的方法有多种多样,如层次分析法、模糊综合评价法等。进行评价时要注意选择合适的变量和评价指标,同时评价通常涉及对比,因此评价对象的可比性值得考虑。评价是决策的前提,决策是评价的继续。评价只有与决策联系起来才有意义,评价与决策之间没有绝对界限。

(三)信息分析的基本方法

信息分析的方法虽然很多,但主要可以归纳为两大类:定性分析和定量分析。定性分析是在逻辑分析、判断推理的基础上发展起来的,是传统的信息研究的主要方法,即运用比较、分析、类比、分类和综合、归纳与演绎等逻辑学方法对信息进行分析研究,从而得出研究对象质的特征的一类方法。常用的如综合分析法、比较分析法、相关分析法、典型分析法、专家调查法。

定量分析是运用数学方法对研究对象的本质特征进行量化描述与分析的方法。量化描述主要通过数学模型来实现,所以定量分析也可以说是利用数学模型进行信息分析与研究的方法。其核心技术是数学模型的建立求解和对模型解的评价判定,常用方法有趋势外推法、回归分析法、时间序列法、文献计量学法。定性分析和定量分析是信息分析研究的两个方面,具体方法的运用要根据具体研究内容而定,必要时可以将两者结合运用,一般常用的基本方法有如下几种。

对比分析法:对比分析法是对所收集的资料进行比较。鉴别、判断的一种方法,是信息调研中经常使用的一种方法。在信息研究中,常见的比较对象有科学研究水平、发展特点的对比,社会发展的条件及历史背景的对比,某一学科或技术发展历史和现状的对比,技术方案和决策方案的对比,市场需求与销售情况的对比等。根据不同的标准和角度,对比法主要可归纳为纵向对比法和横向对比法。

纵向对比法是对同一事物不同时期的状况进行对比,认识事物的过去、现在和未来发展趋势,揭示事物的发展过程。横向对比法是对不同国家、地区、部门的同类事物进行对比,找出差距,判明优劣。对比分析法通常采用三种方式进行对比,即数字对比、图示对比和描述对比。应用比较分析法必须注意在时间、空间范畴等方面的可比性,防止出现认识上的片面性,避免表面化。

相关分析法:相关分析法即利用事物之间或者其内部各个成分之间的关系,现象与本质、原因与结果、目标与途径、事物与条件等,通过对这些关系进行分析,从一种或几种已知的事物来判断或推算未知的事物。相关分析法涉及研究对象的质和量两个方面,因此它包含定性分析和定量分析两项内容。这种分析方法的特点是由此及彼、由表及里,应用广泛,尤其适用于军事科技、专利及其他难得到的技术情况的研究。

分析综合法:分析综合法是把研究对象分解,把复杂的事物分解成各种简单因素或若干阶段,分别加以研究,从而获得对事物本质的认识,再通过综合的方式把事物的各个部分、要素进行归纳整理形成对事物整体认识的逻辑方法。

文献计量法:文献计量学是从定量角度研究文献及其特征的发展规律的科学,包括文献计量法、引文分析法和词频分析法。文献计量法则是运用数学和统计学的方法来对文献信息进行统计分析,研究者可以使用文献计量方法来研究科学文献的增长和分布,揭示文献的数量特征和变化规律。

专家调查法:专家调查法是以专家作为索取信息的对象,依靠专家的知识和经验,通过专家调在对问题作出判断、评估和预测的一种方法。专家调查法应用比较广泛,在一些数据缺乏或没有的情况下,专家的判断通常是唯一的评价根据。专家调查法又可分为专家个人调查法、专家会议调查法、头脑风暴法、德尔菲法。德尔菲法又称,规定程序专家调查法,是由调查组织者拟定调查表,按照规定程序,通过函件分别向专家组成员征询调查,专家组成员之间通过组织者的反馈材料匿名地交流意见,经过反复几轮意见征询和信息反馈,使专家们的意见逐渐集中,最后得出比较一致的结论。德尔菲法是一种广为使用的研究预测方法、逐步成为一种重要的决策工具。

(四)信息分析的步骤

1. 明确研究课题

开展信息分析的第一步是选择和确定研究课题。准确适当的选题是做好分析研究工作的首要环节。这将为后面的相关工作奠定基础。信息分析课题不同于一般的科学研究课题,涉及的面广、分析对象各有不同,因此选题是比较重要的。选题应针对实际需要选择;要选取对全局有影响的课题或与相邻学科相关专业有交叉的课题,选择与科技、社会、经济、政策、资源等密切相关的课题。

2. 拟定课题计划

课题计划的编制内容主要包括:课题确立的依据;国内外研究现状;课题任务要点(解决什么问题,从几个方面提供信息分析支撑服务,课题报告的重点和难点);研究方法和技术路径(包括采取的调查方式,研究中所需参考资料的获取途径和方式等);参与人员的组织分工;完成时间和实施步骤(课题研究的各个阶段安排)。

3. 信息的收集和整理

在信息收集的工作中要解决两个问题:一是获取信息的类型、范围、时间要求等;二是获取信息的方式和途径。对于收集的信息要对其可靠性、新颖性、完整性等进行鉴别,并进行信息资料的整理和汇总。

4. 选择信息分析方法,建立分析模型

根据课题的需要选择合适的分析方法,可以是一种,也可以是多种综合运用。一般是考虑定性研究和定量研究方法的综合运用,从而在此基础上确立正确的分析模型,将数据资料进行输入、分析对比、推理,得出科学的结论。

5. 撰写分析报告

撰写信息分析研究报告一般要遵循目的性、分析性和科学性的原则。所谓目的性,就是编写要紧扣主题展开说明,剔除与主题无关的资料,避免出现为追求信息的新颖性而堆砌材料。信息分析报告不同于一般的科技论文,它要根据用户的课题需求,从大量的信息资料中筛选出准确而有价值的信息作为研究结论的依据。因此,重在分析是它的一个突出特点,同时在研究报告编写中,使用的资料数据要精确可靠,采用的研究方法要经得起推敲,这样才能保证结论的科学性。

第二节 学术资源发现系统概述

自2009年SerialsSolutions公司发布全球第一个网络资源发现系统Summon起,资源发现系统作为全新的学术信息发现工具引起全球图书馆的关注。资源发现系统以"简单、快速、易用、有效"的检索效率,创新的资源组织方式,全新的商业模式正在颠覆传统图书馆的服务理念,带给用户全新的体验。

资源发现系统是一种资源组织方式创新。通过联邦检索方式提升异构海量资源的查询效率已难以适应用户的需求,需要借鉴搜索引擎原理,利用抽取、映像、规范。融合等智能化手段对数据进行全面聚合和深度组织,针对"薄厚"不同的元数据,进行多来源元数据去重,从用户角度对出版商、内容商提供的数据进行标准化规范处理,形成各种分类与分面体系,从而构建具有"统一"索引与资源描述体系的资源发现系统。

资源发现系统不仅是一个学术搜索引擎,更是一个知识发现平台,带来的是一种集成开放的思维,将彻底颠覆图书馆原有数据组织方式和信息服务模式。可以预见,随着资源发现系统向智能化、语义化、关联化、可视化方向发展,图书馆信息服务将被资源发现服务所取代。

一、超星发现系统

超星发现系统以数亿各类文献及网络学术资源海量元数据为基础,充分利用数据仓储、资源整合、知识关联、文献统计模型等相关技术,通过引文分析、分面筛选、可视化图谱等手段,为读者从整体上掌握学术发展趋势,洞察知识之间错综复杂的交叉。支撑关系,发现高价值学术文献,提供便捷、高效而权威的学习、研究工具。

超星发现系统除了具有一般搜索引擎的信息检索功能外。其最大的功能是提供了深达知识内在关系的强大知识挖掘和情报分析功能。为此发现的检索字段大大增加,还具备大到默认支持全库数据集范围的空检索,细到可以通过勾选获取非常专指主题的分面组合检索,从而实现了对学术宏观走向跨学科知识交叉及影响和知识再生方向的判断具备了对任何特定年代,或特定领域,或特定人及机构的学术成果态势进行大尺度多维度的对比性分析和研究。

(一)超星发现系统的使用方法

基本检索:超星发现的入口即为其基本检索的入口,输入检索关键词,如"图书馆",单击"搜索"按钮。在检索结果页面浏览所查找关键词的数据,并使用发现系统多种强大的功能,如多维度分面、高级检索、专业检索、可视化、智能期刊导航、趋势展示。

高级检索:点击搜索框后面的"高级搜索"链接,进入高级搜索页面,通过高级搜索更精确地定位需要的文献。

(二)超星发现系统的特色功能

多维分面聚类:超星发现依托高厚度的元数据资源,通过采用分面分析法,可将搜索结果按各类文献的时间维度、文献类型维度、主题维度、学科维度、作者维度、机构维度、权威工具收录维度以及全文来源维度等进行任意维度的聚类。如查找关于"图书馆"知识中公共图书馆在2007~2013年期间被核心期刊和CSSCI收录的情况,可以得到其多维分面聚类图。

智能辅助检索:超星发现提供强大的智能辅助搜索功能。支持学名与别名、俗称的检索,简称与全称检索,人名与机构检索,检索词的下位词展示等。借助内置规范知识库与用户的历史检索发现行为习惯,自动判别并切换到与用户近期行为最贴切的领域和关注热点,同步显示与用户检索主题相应的解释,帮助实时把握所检索主题的内涵。

立体引文分析:超星发现可实现图书与图书之间、期刊与期刊之间、图书与期刊之间以及其他各类文献之间的相互参考、相互引证关系分析。

展示知识关联:知识关联的意义在于发现人与人、人与知识、知识与知识、机构与人、机构与机构等之间的相互关系。超星发现可以把文献资源的研究单位从单一的文献深化到文献中存在的知识关联中,通过学术源流可以按照知识概念形成知识相关联,这些关联就是知识关联的基础。超星发现能够按照知识概念给出知识关联图谱,通过单向或双向线性知识关联构成的链状、网状结构,形成主题、学科、作者、机构、地区等关联图,从而反映出学术思想之间的相互影响和源流。展示知识点关联,查询词所关联的学科与领域,查询词可以是作者、领域、学科、机构和词语,右侧展示相关的论著,点击某领域则会进入该领域的关联中,展示知识与知识直接关联。

展示作者关联:超星发现可以查看作者与作者之间关联、领域与作者之间关联、机构与作者之间关联等。点击其他作者名字可以进入该作者关系图中,可以查看与上一位作者或者查询词直接的关联等,展示机构关联。超星发现可以展示机构与机构关联、作者与机构关联、领域与机构关联等,右侧展示相关论著,点击某机构可以进入该机构的关系图中。

揭示学术趋势:超星发现具备对搜索结果进行年代分布规律分析的功能,可揭示任一主题学术研究的时序变化趋势图,进而帮助研究者在大时间尺度和全面数据分析的高度洞察该领域研究的起点、成长、起伏与兴衰,从整体把握事物发展的完整过程和走向。

可视化功能:可视化能够将发现数据及分析结果以表格、图形等方式直观展示出来。通过超星可视化功能,读者可根据检索关键词的类型、时间、作者学科、学术价值等要素,对得到的检索结果进行统计分析聚合后,查看图表统计结果;可以对检索结果进行下载、打印等操作;提供图书、期刊等学术发展趋势曲线图表;提供研究主题、学科的关联对比分析曲线图表;揭示图书馆各文献信息现状与发展趋势曲线图表。

在检索结果页右上角点击可视化按钮,在学术发展趋势图右侧点击"更多可视化"即进入可视化页面。

(三)Summon 学术资源发现系统

Summon 学术资源发现系统是 ProQuest 旗下的 Serials Solutions 公司推出的具有突破性意义的图书馆资源一站式发现服务。Summon 学术知识发现平台整合了来自 9000 余家出版商、15 万种期刊内容、20 余亿条元数据,元数据每月更新。自 2009 年 7 月正式推向市场以来,该系统在全球已经拥有超过 800 家图书馆用户。使用 Summon 发现服务,读者只需通过类似 Google 的单一检索框,即可在几秒钟之内检索到图书馆内的各种电子和纸本馆藏、目录记录、期刊文章、数据库、报纸文章、电子书等资源、扩展至图书馆馆藏之外的资源。

Summon 是第一款网络级发现服务,是为大规模获取不同来源的资料而设计的专用服务。用户检索默认为检索与所在图书馆资源有关的信息,从而使检索结果与馆藏资料保持一致。同时它会以互联网检索速度返回按相关度排序的检索结果,并通过 Open URL 链接解析器直接链接至全文。这使得图书馆的用户能够轻松探索并充分利用图书馆的各种馆藏。与其他大部分同类产品从数据库平台进行检索,受平台速度及其他各种因素的影响,速度降低很多不同,Summon 服务是一种托管式服务,Summon 完全基于元数据仓储进行检索,速度非常快。Summon 学术资源发现的基本使用方法有以下几个点。

第一,基本检索。输入检索关键词,单击"检索"按钮。基本检索提供主题、出版物名称、标题、著者等相关字段进行检索,系统可以自动在各个字段进行检索,还可以在检索框直接确定检索字段。

第二,高级检索。进入系统后点击检索框右侧的"高级检索",进入高级检索界面。高级检索还提供 DOI、ISBN、ISSN、专利号、丛编、出版商、全文、时间段等相关项的单一或组配检索。

Summon 学术资源发现的特色功能:软件即服务模式功能。软件即服务的 SAAS 模式与本地安装或外部安装维护的模式有很大区别。采用 SAAS 模式,Summon 团队的工程师们可以以非常灵活、快速的方式进行开发工作,所以每隔两到四个星期 Summon 就会有新功能或改良的功能推出。这些新功能一经推出就会应用于所有 Summon 的客户站点,让所有的客户都立即受益。Summon 的客户从来不需要重装系统或重新调试来获得最新的功能。这与其他不使用 SAAS 模式的发现系统不同,所有 Summon 的用户总是自动获得并使用最先进的技术和最新的服务版本。

分面界面功能:Summon 网络级发现服务分面功能灵活完善,可以按照本馆资源、主题、文献类型、出版时间、语种、馆址、学科等进行检索结果的分面过滤。分面类型非常丰富;精确检索,100 多种的内容类型、非常丰富的主题词可以限定到天的出版日期、馆藏分布、语言、学科等分面导航。

与馆藏资源无缝内嵌功能:Summon 服务致力于支持任何图书馆自动化系统及 IR 系统等图书馆本地应用系统。Summon 能够全面索引图书馆馆藏目录里的数据并把它们涵盖在 Summon 的统一索引下。本地馆藏目录里的内容与其他 Summon 索引的内容处于平等地位,在 Summon 检索中得以同步揭示。Summon 网络级发现服务可以实现 OPAC 无缝内嵌集成,读者在 Summon 的检索页面中可以直接查询实时馆藏状态。

Find+知识发现系统：Find+知识发现系统是美国EBSCO公司与南京大学数图实验室合作的中国地区的本地化产品，是基于元数据和联邦检索结合的混合检索技术。该系统可以一站式发现全球海量学术资源信息，并获取有版权的全文资源，系统覆盖全球9万多家期刊图书出版社的资源总量应达到10亿多条。其中全文资源近7000万条，包含学科期刊，会议报告、学术论文、传记、音视频、评论、电子资源、新闻等几十种类型的学术资源。

系统包含外文资源发现、中文资源发现、馆藏资源发现三大模块。其中，外文资源发现是基于合法授权的内容极为丰富的元数据仓和外文检索技术来实现的；中文资源发现采用元数据仓储检索技术，内容涵盖所有主流中文数据库；馆藏资源发现在揭示OPAC信息的基础上更扩展提供封面、目录、简介、评论、图书馆导购等多种增值服务信息。

该系统通过混合嵌入式联邦检索技术发现自建数据库等特色资源以及中外文元数据仓所不能覆盖的资源。在非本机构拥有的资源方面，提供了馆际互借和参考咨询等服务以及其他本地化的服务。所有不同类型和来源的数据和检索结果将被统一且完全整合在检索结果清单中。更重要的是，系统通过独特的相关性排序，将这些海量数据汇编成序，方便读者用最短的时间找到所需的研究文献。

Find+将为读者提供统一的检索界面和统一的检索语言，使读者能对图书馆所拥有的各种资源系统：电子期刊、电子图书、馆藏书目、机构典藏、开放存取数据库等资源进行一站式整合检索。系统作为读者的单一检索入口，可实现简单检索、高级检索、原文文摘获取等多种服务。

Find+的特色功能具体有：外文资源发现功能。检索设定：简单检索时可选择题名、作者、关键词、所有字段、检索词WIKI、检索词RSS订阅、二次检索、精确匹配。元数据包含主题词、摘要等详细信息。文献传递：非本馆资源文献传递，接通CALIS协议传递；部分全文资源提供直接点击可打开的PDF链接。全面的分面聚类功能包括资源类型、时间、主题词、语言、地区、出版商、出版物、内容提供者。检索范围：支持在期刊内检索；文件夹和导出功能；检索词热度分析。

馆藏目录发现功能。截至目前，图书封面：中外文不少于1000万种，中文不少于800万种。图书内容简介和目录：中文书不少于800万种，外文不少于400万种。豆瓣评论,同步显示豆瓣书评,支持用户发表评论,并由豆瓣完成审核。图书导购,显示各大图书网站书目链接MARC数据,100%覆盖。结果排序,与OPAC排序保持一致。馆藏状态,实时同步揭示;显示书架周围书目的封面等信息。

中文资源发现功能。覆盖CNKI期刊全部数据,博硕论文全部数据(数据库商授权);覆盖超星中文电子书数据;覆盖CADAL中文电子书数据(数据库商授权)。

小语种支持功能。支持多达300种小语种,其中包含阿拉伯语、越南语等在其他发现系统中较难查找的资源,如检索以"图书馆"为主题的相关阿拉伯文文献。[①]

二、其他知识发现系统简介

(一)Primo资源发现系统

Primo是Ex Libris公司开发的图书馆统一资源发现与获取门户系统。Primo可以帮助图书馆为读者提供统一资源的发现与获取服务,内容包括图书馆自身的物理、数字馆藏以及图书馆订购的各类远程数据库、电子资源。所有的发现与获取服务均基于Web2.0标准构造,结合SFX开放链接服务系统,可以胜任下一代数字图书馆读者服务门户。

统一资源发现的功能。在统一资源的揭示能力上,Primo可以一站式涵盖现代图书馆的所有馆藏,包括馆内的物理馆藏、数字资产以及图书馆订购或通过其他方式拥有使用权限的远程电子资源或数据库;本地物理馆藏和数字资产的元数据将通过Primo的发布平台收制进入Primo系统中,进行统一的规范化、去重、FRBR处理,并建立全文索引。图书馆订购或通过其他方式拥有使用权限的远程资源可通过三种方式进行检索发现:一是通过Primo Central提供的元数据集中检索方式;二是通过MetaLib提供的联邦检索;三是通过第三节点API接口对外部搜索引擎进行检索。

统一资源获取的功能。在统一资源发现的基础上,Primo还为各类记录提供了完善的获取手段;对于本馆物理馆藏,Primo提供实时馆藏状态查询,可以具体到单册状态。对于自动化系统里的书目记录,Primo还提供了

---

①李云华,刘颖,刘伟成.学术资源发现系统选型研究[J].新世纪图书馆,2015(12):22-25.

OPAC via Primo 接口,允许已登录读者直接预约、续借图书;对于本馆数字资产,Primo 会根据来源数据库的不同,分别提供不同的在线查看链接,读者只需点击记录正文的"查看全文"或点击"详细信息"页中的相应链接,均可直接到达在线查看/下载页;对于远程电子资源,Primo 对所有记录提供 SFX 菜单,可正确引导读者进入全文下载或其他服务页面。对于部分电子资源则还提供了直接下载/观看链接。

(二)智立方资源发现系统

智立方知识资源是重庆维普开发的一个数据知识服务平台。它整合了期刊、学位论文、会议论文、专利等十种类型文献,提供各种检索、分析、挖掘和全文保障的服务。一站式为客户解决各类知识资源的情报需求。智立方不仅是一个文献类型全覆盖的资源发现平台,也是一个情报分析视角的知识服务平台,兼具知识管理的功能,为图书馆、科研单位和个人用户提供全方位、基于云平台架构的一体化解决方案。

资源发现功能。整合了中外文期刊、学位论文、会议论文、专利、专著、标准、科技成果、产品样本、科技报告、政策法规等多种文献类型,并且提供一站式检索和全文保障服务,提供分面聚类,相关排序等多种检索结果寻优途径。

知识管理功能。文献知识对象的标识和粒度分析,同时支持对客户本地特色资源、文献之外的科学数据等相关资源的整合扩展,有助于构建适合本单位的知识体系,实现机构的学科评估、人才评估等功能,从而实现真正意义上的知识管理,以达到知识产出不断创新的目的。情报服务功能。通过对文献中涉及的各类知识对象(领域、主题、学者、机构、传媒、资助等)做唯一标识、粒度分析、关联呈现,得以实现从情报分析视角对隐含知识关联做深入挖掘,同时提供学科研究方向分析、竞争情报动态连续追踪等服务。

第三节 个人文献管理软件

一、NoteExpress

NoteExpress 是北京爱琴海软件公司开发的一款专业级别的文献检索

与管理系统,其核心功能涵盖"知识采集、管理、应用、挖掘"的知识管理的所有环节,是学术研究、知识管理的必备工具,发表论文的帮手。NoteExpress具备文献信息检索与下载功能,可以用来管理参考文献的题录,以附件方式管理参考文献全文或者任何格式的文件、文档。

NoteExpress数据挖掘的功能可以帮助用户快速了解某研究方向的最新进展、各方观点等。除了管理以上显性的知识外,类似日记、科研心得、论文草稿等瞬间产生的隐性知识也可以通过NoteExpress的笔记功能记录,并且可以与参考文献的题录联系起来。在编辑器(比如MSWord)中NoteExpress可以按照各种期刊的要求自动完成参考文献引用的格式化—完美的格式,精准的引用将大大增加论文被采用的概率。与笔记以及附件功能的结合、全文检索、数据挖掘等,使该软件可以作为强大的个人知识管理系统。

(一)NoteExpress的几个功能

1.检索功能

支持数以百计的全球图书馆书库和电子数据库,如万方、维普、期刊网、Elsevier Science-Direct、ACS、OCLC、美国国会图书馆等。一次检索,永久保存。

2.管理功能

可以分门别类管理百万级的电子文献题录和全文,独创的虚拟文件夹功能更适合多学科交叉的现代科研。多种标识标签实现文献个性化管理。

3.分析功能

对检索结果进行多种统计分析,从而使研究者更快速地了解某领域里的重要专家、研究机构、研究热点等。

发现功能:与文献相互关联的笔记功能,能随时记录阅读文献时的思考,方便以后查看和引用。检索结果可以长期保存,并自动推送符合特定条件的相关文献,对于长期跟踪某一专业的研究动态提供了极大的方便。

写作功能:支持Word和WPS,在论文写作时可以随时引用保存的文献题录,并自动生成符合要求的参考文献索引。系统内置3800种国内外期刊和学位论文的格式定义。首创的多国语言模板功能,可以自动根据所引用参考文献语言不同差异化输出。

(二)NoteExpress 的具体操作使用

建立个人 NoteExpress 数据库。安装 NoteExpress 后默认的示例数据库为"sample.ned",它保存在"我的文档"下的"NoteExpress2"安装目录中。建立题录数据库,一方面是为了写作时能实时插入题录作为文中标引;另一方面,是为了满足用户"多数文章看摘要,少数文章看全文"的良好习惯,节约科研工作者的宝贵时间。在以下介绍中,将书目、手稿、软件以及图片等信息也统称为题录。NoteExpress 通过给题录添加附件的方式管理参考文献的原文。新建题录有以下几种方式。

1. 手工建立题录

在"题录"文件夹下选中某个子文件夹,作为新建题录的存放位置;在右方题录列表中点击鼠标右键,选择"新建题录";在"新建题录"窗体的"题录类型"字段单击,选择题录类型;填写其他字段的相关内容,字段内容可以为空;保存并关闭新建题录。

2. 文献数据库检索结果批量导入

许多中外文数据库检索后,可以直接导出批量题录。将题录信息输出到剪贴板或文件,这些题录数据就可以被批量导入 NoteExpress 的数据库,供阅读、研究或论文写作时引用。以维普数据库为例:从维普全文数据库检索结果中标记选中搜索结果,点击"下载"按钮下载并保存相关题录数据,再返回 NoteExpress 的主界面上,在"文件"菜单中选取"导入题录"后出现"导入题录"对话框,在"来自文件"选项中选取存放的题录数据文件,点击"选择"按钮,选择相应题录格式的过滤器,点击"存放位置"后面的组合框,选择导入后的题录信息存放位置,点击"导入"按钮即可导入题录。

3. 联机检索结果直接导入

在 NoteExpress 中已经内置了常用数据库的检索连接文件,用户可以不用登录数据库检索页面,选择过滤器即可直接导入。以 PubMed 在线检索为例,联机检索结果直接导入的步骤如下:NoteExpress 的主界面"检索"菜单中选择"在线数据库",弹出选择数据库窗体,选取目标数据库 PubMed,点击"选择"按钮,弹出 PubMed 检索窗口,输入检索词,选取相关的检索条件进行检索,并得到检索结果。选取所需的文献、选择"插入数据库"项中的"选择文件夹"项进行选取,确定后即可保存题录。

4.网页中导入

当用户浏览网页时,如果要将网页内容或地址作为题录信息添加到 NoteExpress,可以直接用 NoteExpress 的浏览器插件来实现。①

二、以参考文献为中心的个人信息管理

查重。通过不同途径获取的题录可能存在重复,NoteExpress 提供了查重并快速删除的功能。步骤如下:在 NoteExpress 主界面的"工具"菜单中选择"查找重复题录",在查找框中选取相关条件并查找在结果中默认选中查找到的所有重复题录,按键盘的"Delete"键可一次性删除所有多余题录,也可以解锁后单独选中某些题录进行删除操作。

检索、保存检索结果及结果自动更新。检索步骤如下:确定已经选中目录树的"题录"或其下级文件夹。如果在笔记中检索,可选中"笔记"或其下级文件夹,在工具栏的检索栏中输入关键词,敲回车键开始检索。检索后在界面左中位的"检索"项中的"最近检索"文件夹下自动形成以关键词命名的新文件夹,通过鼠标拖拽该文件夹到"保存的检索"文件夹就可以永久保存检索结果。

以附件方式管理参考文献的全文及相关资源。在 NoteExpress 中,可以对每条题录添加多个附件内容,方便用户在需要的时候快速打开。只要用户电脑支持的文件格式,NoteExpress 都支持该格式的附件链接,而且用户还可以选择逐条手动添加或者选择批量链接。添加附件步骤如下:选中某条题录,点击"细节"旁边的"附件"按钮,在附件下方空白处单击鼠标右键,通过弹出的右键菜单"添加"选择添加附件的类型并添加即可。

全文下载。在查看题录过程中,如果需要下载全文,有时可直接在 NoteExpress 中操作即可(注意不是所有的全文数据库都能实现这个功能)。全文下载的方法如下:选中需要下载全文的题录(可多选),点击右键,选择"全文下载",然后选择需要下载全文的数据库,点击"确定"按钮,再根据要求设定下载信息存放目标位置,点击"确定"按钮,软件会自动将文章下载到与数据库相同的目录下。

笔记功能。NoteExpress 笔记功能类似日记。科研心得论文草稿等瞬间产生的隐性知识可通过软件的笔记功能进行记录,并可以与某个参考

---

①胡霖. 个人文献服务平台研究与实现[D]. 长沙:中南大学,2013.

文献的题录建立相互的链接,以方便信息检索与利用管理。

新建和添加笔记。通过自带的笔记功能,用户可以在思维火花迸发的题录下记录笔记,这样笔记与题录会永远"相依相伴"。将笔记链接到题录。在"笔记"或其下级文件夹下选中一条笔记,在选中的笔记上点击右键,选择"链接到题录",在弹出的题录列表中选择某条题录点击"确定"按钮,即可完成将笔记链接到题录的操作。

使用写作插件撰写文章。NoteExpress内置了多种国内外学术期刊、学位论文和国标的格式规范、通过NoteExpress插入文献,然后使用需要的格式,可以快速自动地生成参考文献,而且可以根据需要随时调整参考文献格式。目前NoteExpress的写作插件支持Microsoft Word和OpenofficeWriter软件安装后如果计算机上有Microsoft Word字处理软件,则会自动安装一个Microsoft Word插件;如果没有该Word插件,可通过软件菜单"工具"中的"选项"中的"扩展"页面,重新安装NoteExpress Word插件。

参考文献题录的导出与交换。导出NoteExpress的题录,便于多个用户间交流共享数据。步骤如下:在题录列表界面中选中需要导出的题录,通过菜单"文件"中的"导出题录",选择导出题录数据的样式。

与其他文献管理软件交换题录。NoteExpress管理的题录数据可实现与其他文献管理工具进行相互导入。如果导入后出现乱码现象,可在导入前先将保存为EndNote数据的文本以ANSI格式另存一次,再导入另存时生成的文本。

三、EndNote

EndNote是由美国Thomson Corporation下属的Thomson Rescarch Soft公司开发的参考文献管理软件。与Reference Manager和ProCite并称为当今主流的三个参考文献管理软件。EndNote于20世纪80年代面世,之后不断推出新版本,另有网络版EndNote Web。

EndNote可以帮助使用者创建个人参考文献库,用以存储其收集的参考文献,包括文本、图像、表格和方程式,并对这些参考文献进行管理,根据需要进行排序、查重、检索等。EndNote支持在线检索,系统自带文献数据库链接,可直接从中检索相关文献并导入EndNote中。同时EndNote还可根据不同期刊的投稿要求,在论文中输出指定格式的参考文献。

(一)EndNote 的几个功能

在线搜索文献。EndNote 直接从网络搜索相关文献并导入 EndNote 的文献库内,利用 Z239.50 信息获取协议可以方便进入全世界绝大多数的文献数据库,并将连接和搜索这些数据库的信息用"Conection Files"的形式储存起来直接提供给使用者。

建立文献库和图片库。EndNote 可以导出、导入文献,编辑库内文献,合并文献库,从而实现收藏、管理和搜索个人文献和图片、表格。

定制文稿。EndNote 直接在 Word 中格式化引文和图形,在安装时可以自动整合到 Word 中,使用者可以简单、轻松地将 EndNote7.0 的库内文献加入 Word 文档中,利用文稿模板直接写合乎杂志社要求的文章。

(二)EndNote 的具体操作使用

建立个人 EndNote 数据库。手动输入建立数据库。手动输入建立数据库的方法主要是针对只有少数文献时选用的,其方法是在"References"菜单下选择"New Reference",进入输入界面,选择适当的文献类型,按照已经设好的字段填入相应的信息,输入完毕点击右上角的关闭图标即可。PDF 文件导入。PDF 文件导入功能必须联网使用,其操作是选择"File"菜单中的"Import"选项,选择"File"或"Folder"项,进入输入界面,按照已经设好的字段填入相应的信息,输入完毕,点击"Import"按钮即可。

用软件直接联网下载。首先在菜单"Edit"选择"Connection Files",打开数据库链接"Open connection manager",出现新界面后,选择需用数据库(如选取 PubMed 库),点击"关闭"按钮。选定的数据库链接就会现在"Tools"菜单中的"Online Search"中,然后在"OnlineSearch"选取"PubMed"项,即可进入网站,并可利用相关检索技术检索出相应的文献。选取所需文献进行下载,即可将题录下载到 EndNote 数据库中,选取"Copy All To"即可将所选题录复制到自建库中加以保存。

网络数据库检索结果导入。目前有很多网上的数据库提供直接输出文献到文献管理软件的功能,方法与 NoteExpress 相同。英文数据库文献导出时可以先尝试直接"打开"导入 EndNote,或用菜单"Import"中的"File"导入,注意选择相应的 Import Option。

格式转换。转换格式相对来说比较复杂,转换操作一般是把资料先保存为文本文件,然后再导入 EndNote 中。转换时要选择正确的过滤器,否则无法正确转换成 EndNote 可以识别的标记。

(三)附件管理

EndNote 中涉及的附件有 PDF 文件、图片、Word 文档、网页、表格等文档。EndNote 管理附件的方式有两种：一是将附件的地址记录在 EndNote 中，需要使用时打开链接即可；二是将文件复制到 EndNote 相应数据库的文件夹下面。第一种方式无须对文件进行备份，占用空间小，但数据复制时会引起链接对象的丢失；第二种方式需要将文件复制一份到数据库文件夹中，占用一定的空间，数据库转移时能将附件一同带走，比较方便。

(四)数据库应用

利用数据库来撰写论文。第一种方式，在 Word 中将鼠标指在要插入文献的位置，切换到 EndNote 程序中。选择要引的参考文献，选择"Tools"菜单的"CWYW"中的"Insertselected citation"项，即可将选定的文献插入该指定位置，插入其他文献的方法与此类似。待全部文献插入完毕后，点击"Tools"菜单"CWYW"中的"Format Bibliography"，点击"确定"按钮后，Word 文档中的参考文献就会按照设定的格式编排好。第二种方式，在 EndNote 数据库中，选择要插入的文献，点击鼠标右键，选择"Copy"，回到 Word 中，右键单击要插入文献的位置，然后粘贴即可。

利用论文模板撰写论文。EndNote 中除提供了 2000 多种期刊的参考文献外，还提供了 200 多种期刊的全文模板。例如，向 Nature 期刊投稿，可以选择"Tools"菜单中的"Manuscript Template"，选择要投稿的期刊 Nature，再按提示进行操作，在"Title"中输入完整的文件名，再按照提示添加其他所需相关内容即可。

参考文献
REFERENCES

[1]蔡莉静.图书馆网络化基础[M].北京:海洋出版社,2013.

[2]陈剑光.信息组织与利用[M].杭州:浙江大学出版社,2017.

[3]陈翔,马丽.图书馆专利信息服务初探[J].科技与创新,2019(09):106-107+109.

[4]陈有富.网络信息资源的评价与检索[M].郑州:河南人民出版社,2018.

[5]陈正思.基于TRS信息检索技术的文献资源统一检索平台的构建[D].长沙:中南大学,2011.

[6]戴扬.基于GIS的图书馆文献信息资源共享系统研究[D].南京:南京邮电大学,2013.

[7]樊瑜.现代信息检索与利用.[M]武汉:华中科技大学出版社,2018.

[8]方松屏.现代文献检索概论[M].哈尔滨:东北林业大学出版社,2016.

[9]冯丹,曾令仿.信息存储技术专利数据分析[M].北京:知识产权出版社,2016.

[10]冯会勤,高志鹏.文献代码语言及其检索方法研究[J].图书馆学刊,2010,32(01):1-2.

[11]付跃安,黄晓斌.中文数字图书馆可用性现状与

对策[J].图书馆理论与实践,2012(12):100-103.

[12]龚思婷.基于相关性判据的信息检索优化[D].南京:南京大学,2013.

[13]胡霖.个人文献服务平台研究与实现[D].长沙:中南大学,2013.

[14]李鹤飞,李宏坤,袁素娟等.高校图书情报与档案信息管理[M].北京:经济日报出版社,2017.

[15]李云华,刘颖,刘伟成.学术资源发现系统选型研究[J].新世纪图书馆,2015(12):22-25.

[16]梁作明.浅析提高科研人员的文献信息检索技能[J].内蒙古科技与经济,2020(20):134-135.

[17]刘伟成,杨红梅,周琪.数字信息资源检索[M].武汉:武汉大学出版社,2018.

[18]梅海燕.元数据的研究进展[J].现代图书情报技术,2002(04):17-19+53.

[19]牟燕.新一代OPAC系统在高校图书馆中的应用研究[D].淄博:山东理工大学,2010.

[20]石捷元.元数据建设在数字图书馆业务中的应用[D].兰州:兰州理工大学,2018.

[21]唐圣琴.现代文献信息资源检索[M].贵阳:贵州大学出版社,2017.

[22]陶蕾.图书馆书目检索系统分析与设计[D].昆明:云南大学,2014.

[23]王承海.简述网络文献资源检索的方法[J].科技经济导刊,2017(20):233+273.

[24]王建雄,林昱.图书馆信息平台的理论基础与技术开发[M].沈阳:沈阳出版社,2018.

[25]王细荣,吕玉龙,李仁德.文献信息检索与论文写作 第5版[M].上海:上海交通大学出版社,2015.

[26]王旭.国内数字图书馆集成检索系统发展对策研究[D].湘潭:湘潭大学,2013.

[27]杨新涯.图书馆服务共享[M].北京:知识产权出版社,2016.

[28]翟夕冉.数字图书馆中作品合理使用问题研究[D].郑州:中原工学

院,2020.

[29]张波.信息检索与利用[M].西安:陕西师范大学出版社,2016.

[30]张晓彤,王云超,石丽丽.民族高校图书馆文献信息检索与利用[M].兰州:甘肃文化出版社,2017.

[31]赵晓.高校图书馆文献信息资源共享机制的实现[J].办公室业务,2017(10):150-151.